乡贤文化丛书

乡贤文化丛书

卧冰求鲤孝天下

——琅琊孝圣王祥

卫绍生 廉朴 主编

屠青 著

中原出版传媒集团
中原传媒股份公司

大象出版社
·郑州·

图书在版编目（CIP）数据

卧冰求鲤孝天下：琅琊孝圣王祥 / 卫绍生，廉朴主编；屠青著. — 郑州：大象出版社，2022. 7
（乡贤文化丛书. 第二辑）
ISBN 978-7-5711-0844-1

Ⅰ. ①卧… Ⅱ. ①卫… ②廉… ③屠… Ⅲ. ①王祥-生平事迹 Ⅳ. ①K828. 9

中国版本图书馆 CIP 数据核字（2020）第 240462 号

乡贤文化丛书
卫绍生 廉朴 主编
WO BING QIU LI XIAO TIANXIA
卧冰求鲤孝天下
——琅琊孝圣王祥
屠 青 著

出 版 人 汪林中
总 策 划 郑强胜
责任编辑 孙震华
责任校对 万冬辉
装帧设计 王莉娟

出版发行 大象出版社（郑州市郑东新区祥盛街 27 号 邮政编码 450016）
发行科 0371-63863551 总编室 0371-65597936
网 址 www. daxiang. cn
印 刷 河南文华印务有限公司
经 销 各地新华书店经销
开 本 720 mm×1020 mm 1/16
印 张 9. 75
字 数 120 千字
版 次 2022 年 7 月第 1 版 2022 年 7 月第 1 次印刷
定 价 29. 00 元

印厂地址 新乡市获嘉县亢村镇工业园
邮政编码 453800 电话 0373-5969992 5961789

总序

“乡贤”，这一古老的称呼已经淡出人们的视野很久了。

党的十八大以来，乡贤重新进入人们的视野，成为人们热议的话题。中共中央、国务院2015年颁布的《关于加大改革创新力度加快农业现代化建设的若干意见》中明确指出，要“创新乡贤文化，弘扬善行义举，以乡情乡愁为纽带吸引和凝聚各方人士支持家乡建设，传承乡村文明”。在中共中央、国务院的文件里提到乡贤和乡贤文化，这应该是首次，它表明作为中国优秀传统文化重要组成部分的乡贤文化，既是传承乡村文明的重要内容，也是新时期农村文化建设的重要内容。但是，由于乡贤和乡贤文化淡出人们视线已久，在这一概念重新被提出来的时候，许多人并不明白什么是乡贤，什么是乡贤文化，更不知道如何传承和弘扬乡贤文化。鉴于此，有必要对乡贤称谓、乡贤之说的起源、乡贤对中国乡村的作用与意义、乡贤文化包含哪些内容等，作简要回答。

何谓乡贤？按照通常的解释，乡贤是指那些道德品行高尚同时又对乡村建设有过贡献的人。这里包含两个层面的意思：一是道德品行高尚，二是对家乡建设作出过贡献。但如果仅仅是道德品行高尚，满足于个人修身齐家、独善己身、洁身自好，很少关心乡里乡亲，很少对乡梓作出过贡献，那么，这样的人只能称为乡隐，而不能称为乡贤。乡贤既应是道德为人敬仰、行为堪称模范的人，更应是为家乡作出过一定贡献的人。不论是教书育人、传承文化、制定乡约、调解邻里矛盾，还是乐善好施、修桥铺路、接济乡人，举凡一切有益于乡里乡亲的事情，他们总是满腔热情，乐做善为。对乡村建设的贡献，是乡贤的必备条件。如果对家乡父老没有什么贡献可言，何以成为乡贤？看一看汉魏六朝出现的一些记述各地乡贤的著作，如《汝南先贤传》《陈留耆旧传》《襄阳耆旧记》《鲁国先贤传》《楚国先贤传》等，其中记载的各地乡贤，不仅在道德、学问、修养、名望等方面为人称颂，成为时人敬仰的楷模，而且都是对家乡作出过贡献的人。他们能入各种乡贤传，绝非浪得虚名。

乡贤之说起源于何时？乡贤很早就存在于中国的乡村，但乡贤之说却是在东汉中后期才逐渐流行起来的。东汉中后期，随着一些世家大族的崛起，各个郡国都热衷于撰写乡贤传记，表彰那些曾经为当地经济、社会、文化发展作出过贡献的贤人雅士。东汉以后，世家大族成为维持中国乡村社会稳定的重要力量，涌现出许多被后人称为乡贤的人物，他们对当时的社会，乃至对中国历史文化都产生了重要影响。作为乡村精英的乡贤，在乡村治理、乡村教育等方面可补政府治理之不足，发挥了政府无法起到的重要作用。一些人看到了乡贤对社会发展的积极作用，把所属郡国那些有影响的人物事迹记录下来，于是出现了所谓的“郡书”。唐代史学家刘知幾在谈到这类著作时说：“郡书者，矜其乡贤，美其邦族，施于本国，颇得流行；置于他方，罕闻爱异。其有如常璩之详审，刘昞之该博，而能传诸不朽、见美来裔者，盖无几焉。”（刘知幾：《史通》卷十《内篇·杂述》）刘知幾是较早关注到乡贤类著作的史学家，他认为，乡贤类著作都是“矜其乡贤，美其邦族”，因而在当地比较流行，而到了其他地方，知道的人就很少了。在谈到东汉史书繁盛的原因时，刘知幾再次提到了乡贤：“降及东京，作者弥众。至如名邦大都，地富才良，高门甲族，代多髦俊。邑老乡贤，竞为别录。家牒宗谱，各成私传。于是笔削所采，闻见益多。此中兴之史，所以又广于《前汉》也。”（刘知幾：《史通》卷九《内篇·烦省》）刘知幾虽然没有对乡贤作出解释，但他把“邑老乡贤”与“高门甲族”相提并论，表明他已经把“邑老乡贤”与“高门甲族”放在同一个层级上，充分肯定了“邑老乡贤”的历史地位与作用。

乡贤对中国乡村有怎样的作用与意义呢？乡贤在乡村建设中的作用是多方面的。他们不仅热衷于乡村治理和乡村教育，而且乐善好施、造福乡里。乡贤一般都是受过良好教育的人，他们是乡里有知识、有影响的人物，经济实力往往要比一般村民好一些。他们有能力也有意愿造福桑梓，所以常常在乡村建设上主动作为，只要是力所能及，他们一般不会推辞。在乡村治理方面，乡贤往往身兼管理者、参与者、协调者等多重角色，必要的时候，他们也可以发挥上情下达或下情上传的作用，成为联系乡亲和政府的桥梁与纽带。在调解邻里冲突和乡人矛盾上，他们不会以势压人，而是以理服人，注重多方协调和沟通，注重平衡各方利益。所以，在乡村治理方面，乡贤是农耕文明时期中国乡村社会稳定的重要因素。

在乡村教育方面，乡贤的作用更是不可小觑。乡贤大多是饱读诗书之人，他们深知文化知识对于人们的生存、生活、成长和发展至关重要，所以他们非常重视教育，尤其重视启蒙教育和家庭教育。他们中的许多人自觉地担负起教育自家子弟和乡里子弟的重任，有不少人开私塾，并兼任私塾先生。虽然有的人也接受一些“束脩”，但总体来说，义务教书的情况较为常见。他们是乡村的“先生”，是传授文化知识的人，是教人向善的人。在善行义举方面，乡贤更是乐善好施的代名词。他们愿意帮助别人，勇于助困济人，乐于接济生活困难的乡亲。如东汉末年颍川郡著名乡贤陈寔，道德高尚，知书达理，处事公正，待人公平，为乡里所推重。乡里发生了纠纷，人们不去求官府，而是去找陈寔，请求他明断是非。只要是陈寔评的理、判的是非曲直，人们都欣然接受，没有什么怨言，以至于乡人都说：“宁为刑罚所加，不为陈君所短。”陈寔还乐善好施，遇上灾年的时候，乡亲们缺吃少穿，他就接济他们。大灾之年，陈寔的善举不仅挽救了那些一时糊涂的人，而且教化了乡党，纯洁了世风。当然，更多的乡贤是靠他们的智慧和财富造福乡里，为乡亲做好事，譬如常见的修桥铺路、接济穷困等助人为乐之事。在乡村治理结构尚不完备的中国传统社会，乡贤在文化教育、乡村治理、乡村建设等方面，都起到了政府所起不到的作用。他们是中国传统乡村超稳定结构的基石，也是推动乡村发展的动力。

对于乡贤，我们应该历史地来看，既要看到他们在乡村文化教育、乡村治理、乡村建设等方面的积极作用，也要看到他们对中国传统乡村超稳定结构的固化作用。乡村是农业社会的基础，也是各级政权的基础。但是，在中国传统社会，权力不下郡县，县级政权成为封建社会的基层政权，县令或县长通常都是七品官甚至是从七品官，县丞、县尉的级别就更低了。国家行政机构设置到县级，县以下是乡和里。乡和里的治理则借重民间力量，乡长和里长大多是由当地德高望重的长者或望族的族长担任，他们没有官位，不吃皇粮，不领俸禄，只是负责维持当地的秩序，帮助地方政府做一些诸如征收税赋、摊派徭役、管理户籍、教化民众之类的事情。但在乡村治理及文化教育等方面，乡长、里长则常常要借重乡贤的力量，因为乡贤有文化、有见识、有影响力，甚至还有财力。当乡贤与乡里管理者相向而行、勠力同心的时候，乡里就会稳定，乡村治理就比较顺畅。这个时候，乡贤的作用就得到了充分发挥。乡贤在某种意义上成了乡村治理的标杆，成为乡人敬仰和追慕的对象。但是，由于乡贤所受的教育不同，他们的理想、信念、追求也各有差异，因此，他们中的许多人不愿意与当权者同流合污，更看不惯权豪势要欺辱压榨百姓，往往是特立独行者和孤独求道者，但他们依然坚持用自己的方式服务乡里，造福百姓。如许劭主持汝南“月旦评”，大力奖掖和提携汝南才俊，评点天下名士，成为汉末继郭泰之后的清议领袖。他不应朝廷征辟，谢绝高官厚禄，以“局外人”的身份品评人物，客观公正，令人信服。又如吃尽文盲苦头的武训，穷且益坚，不坠青云之志，行乞办学，创办崇贤义塾，让那些读不起书的孩子进学堂读书，更让人肃然起敬。再如晚清职业慈善家余治，一生清贫，却四处呐喊，奔走于大江南北，劝人行善，宣传忠孝节义，成立各种慈善机构，移风易俗，救济孤贫，而且创立戏班，编写剧本，以戏曲劝善，被人誉为“江南大善人”。他们以各自的方式感染着世人，固化着中国乡村的超稳定结构，使中国乡村这个自秦汉以来政府行政权力鞭长莫及之地，成为乡绅乡贤的表演舞台。在当代作家陈忠实的长篇小说《白鹿原》中，从白嘉轩、鹿子霖和冷先生等人物身上，读者依稀看到了久违的乡贤形象，所以有评论者指出，《白鹿原》就是在寻找失去的乡贤。这样的评论虽然不无偏颇，却也道出了小说的文化追求。

乡贤是乡贤文化的创造者和实践者，从他们身上，人们可以看到传统乡贤文化在乡村建设、乡村治理、文化教育、乡土认同等方面发挥的重要作用。所以，从中国古代一直到近现代，许多乡村都建有乡贤祠，用以供奉和祭奠那些为乡村建设作出贡献的乡贤们，展示各地不同的乡贤文化。

乡贤文化是由乡贤及其乡人共同创造的，是中华优秀传统文化的重要组成部分。它作为一种文化形态，对中国古代的乡村治理，对家国文化的认同，对乡村社会的维系，对农业文明的传承，对宗族文化的延续，对乡村文明的弘扬，都具有重要的文化价值。在传承发展中华优秀传统文化的当下，创新乡贤文化，就应在进一步明确乡贤文化的历史文化价值与当代意义的前提下，深入发掘乡贤文化的内在价值和积极作用。具体来讲，就是要注重发掘乡贤文化对家国认同、乡村治理、乡村教育、乡村建设、乡村文明传承等方面的深层文化内涵，通过一个个乡贤人物，阐释乡贤文化的重要价值，梳理乡贤文化的积极意义，探索乡贤文化的传承创新路径。譬如家国认同，首先是基于对家族和家乡的认同。乡贤作为当地的贤者，不仅具有很强的凝聚力，而且还常常让乡党引以为豪，人们不论处于多么遥远的地方，只要说起共有的乡贤，就会立即引起强烈的共鸣，自然而然地拉近了人们之间的情感距离，从而形成对家族和家乡的认同。从这个意义上说，乡贤是家乡认同的标志性人物，也是促进家国认同的情感纽带。

乡贤文化对传承发展乡村文明，对当代乡村文化建设，对提升文化自觉、树立文化自信，对实现中华民族伟大复兴的中国梦，都具有积极意义。在大力弘扬传承发展中华优秀传统文化的当下，挖掘乡贤文化的丰富内涵，梳理乡贤文化的历史脉络，发掘乡贤文化的价值意义，进而创新乡贤文化，建设新乡贤文化，是传承发展中华优秀传统文化的内在要求，是提升文化自觉、树立文化自信的内在要求，也是实现中华民族伟大复兴的中国梦的内在要求。

为此，我们组织编纂了这套“乡贤文化丛书”，把自东汉以来的历代乡贤进行梳理，系统展示乡贤、乡贤文化的历史风貌和文化价值，以期让广大读者对优秀传统文化中的乡贤和乡贤文化有更多的了解，对乡贤文化的历史作用和当代价值有更多的认知，共同为创新乡贤文化、建设新乡贤文化作出应有的贡献。

本辑为“乡贤文化丛书”第二辑，我们精选了8位在中国历史上有一定影响的各地乡贤，他们不论在教书育人、修身齐家，还是在乡村治理、乡村建设、慈善赈济，甚或是民族工业等方面均作出了一定贡献，成为人们传颂的典范楷模。在本辑编写过程中，每位作者均对自己承担的人物有一定研究，但因作者较多，行文风格各异，难免会出现一些不尽如人意之处，不妥之处，尚祈读者批评。

卫绍生　廉　朴

2022年5月20日

目　录

第一章　王室后裔　簪缨世家 …………………… 001

一、机敏过人，见识超群 …………………… 001

二、为民请命，劝谏父王 …………………… 004

三、英年早逝，王子登仙 …………………… 006

第二章　王翦祖孙　三代名将 …………………… 009

一、巧施计策，消灭赵国 …………………… 010

二、攻打楚国，一波三折 …………………… 011

三、功成身退，取舍有度 …………………… 013

四、子孙相继，名将世家 …………………… 014

第三章　王吉父子　经学传家 …………………… 016

一、幼年好学，博学通经 …………………… 016

二、辅佐王侯，屡进忠言 …………………… 018

三、谏言不纳，辞官隐退 …………………… 020

四、道德完善，身体力行 …………………… 021

五、子孙相继，经学传家 …………………… 023

第四章　全身远祸　积蓄力量 …………………… 027

一、世风变迁，明哲保身 …………………… 027

二、积蓄力量，重振门庭 …………………… 029
三、名臣王雄，承上启下 …………………… 030

第五章　王祥卧冰　以孝出仕 …………………… 032

一、卧冰求鲤，感天动地 …………………… 032
二、以孝出仕，立身庙堂 …………………… 038
三、以孝治县，教化黎民 …………………… 042

第六章　兄友弟恭　孝友格天 …………………… 045

一、王览争鸩，患难与共 …………………… 045
二、显亲扬名，互相成就 …………………… 047
三、宝刀赠弟，公辅之量 …………………… 049
四、兄弟怡怡，宗族欣欣 …………………… 052

第七章　为官之道　深谋远虑 …………………… 055

一、与时推迁，见机行事 …………………… 055
二、重德守礼，人情练达 …………………… 060
三、不慕奢华，清正廉洁 …………………… 064
四、注重世务，清虚淡泊 …………………… 067

第八章　弘扬孝道　教化世俗 …………………… 070

一、以孝为先，忠孝一体 …………………… 070
二、孝治天下，孝先于忠 …………………… 073
三、艺术说孝，喜闻乐见 …………………… 075
四、“二十四孝”，推陈出新 …………………… 080

第九章　王祥家训　泽被后世……083
一、五条遗令，立身之本……083
二、寄言家训，道德完善……089

第十章　琅琊王氏　各领风骚……093
一、书法世家，代有才人……094
二、“人人有集”，“文才相继”……099
三、书画同源，行己之道……108
四、遍论经史，重视礼法……111

第十一章　家风传承　历久弥新……117
一、儒学传家，品行端正……117
二、读书向学，言传身教……119
三、持盈畏满，进退有度……122
四、审时度势，保家宜族……130

参考文献……139

在中国古代，姓与氏有着严格的区分，姓是有着共同血缘关系的种族称号，氏是由姓衍生出来的分支称号。秦汉以来，姓与氏逐渐融为一体。姓氏不仅仅是一种文化符号，它与当时的社会发展以及婚姻制度、宗法制度、等级制度、政治制度、经济关系、家族形态、社会心理、文化礼俗等方面都有着密切的联系，它的发展变革就是一部丰富的社会演进史。我国的姓氏文化经过四五千年的发展演变，已成为中国传统文化的重要组成部分。姓氏成为中国传统的宗族观念的主要外在表现形式，以一种血缘文化的特殊形式记录了中华民族的形成，在中华民族的文化认同和国家统一上曾起到独特的民族凝聚力的作用。

王姓作为现代中国的五大姓氏之一，来源比较复杂，关于其起源的说法众多，但主要来源都与帝王后裔有关，因此王姓是“王者之后”。根据《潜夫论·志氏姓》《新唐书·宰相世系表》《元和姓纂》以及六朝时期的一些碑文、墓志、系谱等文献的记载，太子晋是琅琊王氏传说中的第一代祖先。由此可见，琅琊王氏起源于姬姓之王，是周灵王太子晋的后裔。太子晋成为琅琊王氏的精神图腾，为王氏家族打下一抹浓重的底色。

一、机敏过人，见识超群

姬晋，又称太子晋，是东周灵王（前571—前545

年在位）的长子，也称王子晋。因其封邑在乔（今河南武陟一带），亦称王子乔。他曾经被周灵王立为太子，所以人们习惯称其为太子晋。后来，他因为直言进谏触怒父王，被废为庶人，储君之位便由其弟姬贵接任。

根据《国语 · 周语下》《逸周书 · 太子晋解》及《潜夫论 · 志氏姓》等文献的记载，太子晋是一位具有传奇色彩的悲剧人物。他“幼有成德，聪明博达，温恭敦敏”，具有渊博的学识、超凡的见识、敏锐的洞察力。十五岁行冠礼后，他开始以太子的身份辅政。

太子晋自幼聪慧，温良忠厚，才学广博，胆识过人，在社会上有着很好的口碑。诸侯国知道平庸无能的周灵王有这么一个聪慧过人、见识超群的太子，在钦佩羡慕之余，又有几分忌惮。太子晋举行成人礼后，晋平公特意派大夫叔向前去庆贺。叔向是春秋时期著名的贤大夫，他在朝见过周天子之后，专门去拜望太子晋，以成人之礼求见太子晋，想从言语交谈中了解太子晋的真实才干及人生志向。据《逸周书 · 太子晋解》记载，叔向在与太子晋的唇枪舌剑中，“五称而三穷，逡巡而退，其言不遂”。“五称三穷”是一种流行于春秋战国时代的论辩游戏。“五称”是提问方称说五件事或提出五个问题，看对方如何回答，以此试探、衡量对方的水平；“三穷”指回答方如果三次理屈词穷，无法回答问题，就被判定失败。这里是指叔向称说五件事，太子晋五次都进行了得体的应对；太子晋称说三件事，叔向三次都理屈词穷，被问得无言以对，最后只好尴尬地从太子府退了出来。太子晋的博学、机敏由此可见一斑。

叔向回国后，向晋平公报告说：“太子晋果然见识超群、学识渊博，别看他只有十五岁，我和他辩论，竟然被他问得理屈词穷。以臣之愚见，我们还是把以前强占周朝的两处田地归还他们吧，不然，等他以后做了天子，肯定不会善罢甘休，那时我们就会大祸临头的。”晋平公听了叔向的情况汇报，有些左右为难：归还吧，心里还真有点舍不得；不归还吧，又怕将来引火烧身。

大夫师旷听了叔向的话，很不以为然，觉得叔向有点夸大其词、小题大做，他不相信年仅十五岁的周太子会那么厉害。于是，他向晋平公建议说："请让微臣再去和太子晋比试一下，如果连我也不是他的对手，再决定归还田地不迟。"

师旷，字子野，又称晋野，是春秋时期著名的音乐家、政治家。他生而无目，故自称"盲臣"或"瞑臣"。他博学多才，满腹经纶，忠诚正直。师旷精通音律，擅长弹琴，辨音能力非常强，闻弦歌而知雅意，所以"师旷之聪"闻名于后世。除了在音乐方面有精深造诣，他在教育和国家治理等方面也有独到见解。晋平公对他非常尊敬，信任有加，平时无论什么事情，都会征求他的意见。听了师旷的建议，晋平公决定派他再去会一会太子晋，一探虚实，再做决定。

师旷到太子府拜见太子晋，这次他是有备而来的，他以君子之德、治国之道率先向太子晋发问。对于师旷提出的五个问题，太子晋泰然自若，有问必答，从容应对，论辩中旁征博引，举止有度，态度得体。在与太子晋的这场交锋中，师旷也像叔向一样"五称三穷"，以失败告终，他输得口服心服。在与师旷的辩论中，太子晋的才能、学识、胸怀、志向得到淋漓尽致的表现，印证了叔向的顾虑并非危言耸听。太子晋的远见卓识令师旷钦佩不已，甘拜下风。

在论辩中，太子晋表达出自己想要效仿古代的先贤圣君，成为一个圣明仁爱的天子的远大志向，并确立了自己在每个阶段具体的努力目标，提出明确的施政纲领，即"立义治律"，也就是将法治与德治结合起来，希望以制度的完善来保证国家强盛太平、社会和谐安定、百姓安居乐业。年仅十五岁的太子晋对国家治理问题的思考能够达到如此的深度，实在难能可贵。

太子晋对师旷非常尊敬，师旷返回晋国时，太子晋特意赏赐给他一辆四匹马拉的车。师旷回国后，向晋平公报告说："太子晋果然聪慧无比，无人能敌。不过大王您也不用太担心！在和他交谈时，我发现他的身体状况不佳，他的声音清亮中带有痰喘，这不是好的征兆。估计他寿命不长，大概不出三年，就会亡故。"可能是天妒英才，师旷的预言不幸应验，不到三年，太子晋就去世了。

二、为民请命，劝谏父王

太子晋成人后干了一件大事，使他永载史册。也正是因为这件大事，他的命运发生了极大的转折，由尊贵的太子变为庶人。周灵王二十二年（前550年），天降大雨，连绵数日，致使都城洛阳附近的谷水与洛水的水位暴涨，洪水泛滥，将要威胁到王宫的安全。周灵王惊慌失措，打算采取堵塞的办法来治水，命人在王宫附近修建堤坝堵截水流。这种做法虽然暂时能够保住王宫的安全，但是洛阳一带居住在宫殿之外的百姓就要遭殃了。太子晋强烈反对父亲的做法，并从正反两个方面讲述了原因。

据《国语·周语下》记载，他引经据典地向父王讲述"川不可壅"的大道理，认为"度之天神，则非祥也；比之地物，则非义也；类之民训，则非仁也；方之时动，则非顺也"。他提出要用疏导的办法来治水。他引用历史上采用壅堵之法治水贻害天下的深刻教训劝诫父亲，指出其目前的行为无异于亡国之君的做派。他出于强烈的历史使命感和深沉的忧患意识，劝谏父王，治理天下上要效法于天，下要取则于地，中要安和百姓，修身养德，勤政爱民。他联系周王朝的兴衰发展历史，苦苦劝谏父亲："自从先祖后稷消除祸乱，开始安民以来，经过十几代人的努力，到武王时才平定天下，到康王时，才终于安抚了百姓，这一过程多么艰难！

从厉王开始变更先王的法度，其后君王不断破坏，周室天下已名存实亡。修德平天下需要十五代人的不懈努力才能成功，招祸乱天下已经有十五代帝王了，难道破坏得还不够吗？我日夜戒惧担忧，不知道自己要如何修德，才能光大王室，以此迎纳上天的福祉。陛下还要助长祸乱，那怎么得了？”太子晋的执意劝阻触怒了父王，灵王一怒之下，废黜了他的太子身份，将其贬为庶民。太子晋苦苦劝谏行为的背后，是一个年仅十六岁的未来国君胸怀天下的赤子之心，是对天下黎民百姓的使命和担当。

春秋时期，周王室的权威已然崩溃，处于名存实亡的境地。时人对年轻有为的太子晋寄予厚望，将其视为能够使衰弱的东周王朝走向中兴的希望，认为他是“五百年当有王者兴”的应验人物，师旷也曾称颂他“将为天下宗”。太子晋虽有成为圣明仁爱天子的远大志向和实现志向的具体计划，却缺乏实现志向的坚定信念。太子晋劝谏父王时说的那段话，实际上也是对自己强调这样一个不得不接受的无奈现实：王室颓败，积重难返，已由名义上的天下共主衰变为一个弱小的“诸侯”，号召力越来越弱，存在感越来越低，完全失去了收回王权的经济实力和话语能力，就算自己再怎么努力，也无法力挽狂澜。他虽有雄心壮志，却看不见实现的希望。再加上当时流传着“一姓不再兴”的传言，周王室连中兴的舆论支持也丧失了。他彻底绝望了，放弃了为理想奋斗的信念，悲怆地说：“自太昊以来，一直到尧舜禹，从未有一姓而再有天下者，夫大当时而不伐，天何可得？”这种绝望不是少年人“为赋新词强说愁”的故作深沉，而是一个聪慧过人、见识超群的未来国君清醒地看到了社会现实和历史发展走向之后的无奈。

三、英年早逝，王子登仙

太子晋被贬为庶人之后，心灰意冷，郁郁寡欢，忧郁成疾，不到三年就去世了，死时仅十八岁。太子晋被废为庶人后迁离王宫，当时人们因其为王公子弟的身份，称其为“王家”，他就以王为氏，成为后来王姓的祖先。太子晋的后人隐匿在民间做了普通百姓。

太子晋为民请命，不幸英年早逝，让人扼腕叹息。传说孔子删《周书》至此，不禁痛呼：“惜夫，杀吾君也！”百姓感念太子晋的恩德，不忍闻其死，对他寄予了很多同情，祈愿他好人有好报，百世永生。自古以来，人们为了表达对美好、杰出人物的热爱或敬仰之情，往往会有意无意地对其加以美化或者神化。民间演绎出“王子登仙”“寒光宝剑”“河东县令”等多种传说故事，来寄托民众对太子晋的思念，希望他不朽的美好愿望。

据《列仙传》记载，太子晋不慕富贵，喜爱静坐吹笙，笙声和谐优美，如行云流水，似凤凰合鸣。他经常在伊、洛之间游历，仙人浮丘生将他带往嵩山修炼。三十多年后，一个名叫桓良的友人遇见太子晋，太子晋对他说：“七月七日我当升天，请你转告我的家人和朋友，那日与我在缑氏山相会告别。”到了七月七日那一天，太子晋的亲朋故友会聚到缑氏山上，只见他骑着一只白鹤悠然地出现在缑氏山之巅，可望而不可即。太子晋轻轻地挥一挥手，从此与世人作别，乘鹤升天而去。这是一个混乱时代里人们所能想象的最好结局，尤其是身居显要者梦寐以求的人生境界。吹笙引凤，驾鹤升空，从此成为王子晋神话传说的有机组成部分。笙、鹤由此成为王子晋神仙信仰的标志，成为中国文化中一类典型的象征性符号。“诗圣”杜甫在《观李固请司马弟山水图三首》之二中赞曰：“范蠡舟扁小，王乔鹤不群。”钟辂《缑山月夜闻王子晋吹笙》诗云：“月满缑山夜，风传子晋笙。”

因为王子晋极负盛名，不但道家赋予其尊号，历代皇帝也曾多次敕封他，各地也建庙立祠纪念他。武周圣历二年（699年）二月初四，武则天到嵩山封禅，返回时留宿于缑山升仙太子庙。她触景生情，亲自撰写碑文，封王子晋为“升仙太子”，并改子晋祠为“升仙太子庙”。五代时，王子晋受封“元弼真君”。宋徽宗时，封王子晋为“元应真人”，宋高宗绍兴年间又加封他为“善利广济真人”。元世祖忽必烈敕封缑山道观为“先天宫”。清代乾隆帝又题诗《登缑山》：“缑岭茏苁嵩岳连，传闻子晋此升仙。”

后世文人墨客也留下不少纪念、感怀王子晋的诗词。如谢灵运的《王子晋赞》：“淑质非不丽，难之以万年。储宫非不贵，岂若上登天。王子复清旷，区中实哗嚣。喧既见浮丘，与尔共纷翻。”李白的《感遇》：“吾爱王子晋，得道伊洛滨。金骨既不毁，玉颜长自春。可怜浮丘公，猗靡与情亲。举首白日间，分明谢时人。二仙去已远，梦想空殷勤。”白居易的《王子晋庙》：“子晋庙前山月明，人闻往往夜吹笙。鸾吟凤唱听无拍，多似霓裳散序声。”梅尧臣的《缑山子晋祠》：“王子居玉京，故山空寂寞。犹闻朔月笙，尚想宾天鹤。翠柏深古坛，丹霞留迥壑。芝庭谁款扉，旌旗穿林薄。”

传说，王子晋的墓在离西汉都城长安不远的茂陵，西晋末年的时候，有人盗挖王子晋墓，盗墓人进去一看，发现墓中空无一物，只见一把宝剑悬在半空中。盗墓人想取下这把宝剑，忽然听见宝剑发出龙吟虎啸的声音，吓得不敢接近它。顷刻，只听到一声呼啸，宝剑闪着寒光飞上了天。

民间传说，汉明帝时王子晋转世做了河东叶县县令，按照规定，每月月初他都要到尚书台述职，可是人们从来不见他有车马随从，只看见一只野鸭从东南方向飞来。有人感到很奇怪，便将此事秘奏给明帝，明帝也很奇怪，便悄悄命人布下一张大网网罗野鸭，结果网到的却是一双官靴。连续网了几次，都是这样，这双靴子是四年前尚书省赐给官员的靴子。据说，这只鸭子即王子晋所变。

作为历史人物的太子晋，在《国语 · 周语下》《逸周书 · 太子晋解》等传世的历史记载中，其形象都基本符合人们对一位崇德尚贤的英明储君的期待。太子晋已经成为琅琊王氏的一个精神图腾，具有强大的凝聚力和向心力。民间流传的太子晋的相关传说也从玄与礼两个方向影响着琅琊王氏家族精神的进一步形成与塑造，最终成为琅琊王氏家族精神建构的一个标尺。

东周王朝大势已去，太子晋壮志难酬，他进谏失败、遭遇废黜是东周王室走向灭亡的一个象征和缩影。太子晋最终被废为庶人，无法施展抱负，年纪轻轻即抱憾而亡，让人痛心惋惜不已。但他心怀天下、勇于担当、立志奉献的精神，始终为后人所敬仰。这种进取精神也给后来琅琊王氏家族成员一以贯之的鞭策和鼓舞。努力在政治上有所作为，在学识上出类拔萃，成为琅琊王氏子弟的普遍追求。

太子晋在大厦将倾的东周王朝所作的明知不可为而为之的努力与抗争，对于后来身处乱世的琅琊王氏家族子孙不一味借隐遁之名消极回避，而选择竞进有为，起到了一定的榜样作用。在精神迷惘与痛苦时，琅琊王氏家族成员从得姓始祖太子晋身上不断获得启迪和前行的力量。

根据《新唐书·宰相世系表》中的记载，太子晋生宗敬，宗敬在东周曾担任司徒之职。自宗敬之后的六代史料无载，找不到世系传承。王汝涛认为，当时正值春秋战国之际，春秋时期的“世卿世禄”制度正被新兴的地主阶级逐渐抛弃，而太子晋被周王废为庶人，自然不再是公卿世家，所以其子宗敬才被民间称为“王氏”，这种称谓实际是对太子晋之前身份的戏称，正表明其家族此时已经没有了往日的荣耀和尊贵。所以，自宗敬之后至八世王错之间的王氏诸人可能身份低微，事迹已不可考。史传中有明确记载的，仅有战国时期的王错以及秦代的王翦、王贲、王离祖孙三代。

王错（前425—？），智略过人，为著名政治家、军事家。其事迹见载于《史记》和《竹书纪年》。王错在东周时期任魏国大夫、将军，深得魏武侯宠幸。魏武侯听从王错的建议，解除吴起西河郡守的职务。当吴起被召回朝走到西河郡的边界时，他停车回望自己苦心经营几年的西河，内心极度痛苦，眼泪夺眶而出。仆人不解地问他：“我私下观察您的志向，您不是一个贪图权势的人，您平日里视放弃天下如丢弃一只鞋子，今日离开西河反而哭了，这是为何？”吴起愤慨地说：“我流泪不是因为我自己的得失，而是为了国家。如果国君信任我，放手让我尽心尽力地干，西河可以成为魏国统一天下的基础，魏国就会富强，秦国就会灭亡；如果国君听信谗言，不再信任我，那么西河落入秦国之手的日子也就不远了！”王错曾举荐庞涓以自代，庞涓辅佐魏惠王登上了王位。后来，魏国发生内乱，王错逃奔韩国。其后的几代王氏族人，仍在魏国为官。王翦之前的族人，虽有姓名、官职，但事迹大多不可考。战国后期至秦朝，王氏家族相继出现了王翦、王贲、王离祖孙三代名将，王氏家族开始在历史上崭露头角。

王翦（前278—前211年），太子晋第十五代孙，频阳东乡（今陕西富平县东北）人，秦代杰出的军事家。王翦是秦王嬴政手下的大将，与白起、廉颇、李牧并称战国四大名将。据《史记》记载，他出身于军功地主之家，少年时代就喜欢习练兵法。后来，他因为协助秦王嬴政平定公子成蟜等人的叛乱有功而受到重用，被任命为将军。他率军南征北战，与其子王贲先后灭掉赵、魏、楚、燕、齐五国，立下赫赫战功，是秦统一六国的功勋之臣。秦统一后，因王翦已经去世，其子王贲受封通武侯，其孙王离被封为武城侯。

一、巧施计策，消灭赵国

始皇十一年（前236年），秦王嬴政抓住燕、赵两国交战的有利时机，派王翦出兵攻打赵国。王翦率兵成功地击败赵军，攻占赵国在太行山地区的战略要地阏与（今山西省和顺县），一连夺下赵国九个城邑，严重削弱了赵国的军事实力，显示出非凡的军事才能。始皇十八年（前229年），秦王利用赵国发生地震和旱灾的时机，派王翦、杨端和率军攻打赵国，准备彻底吞并赵国。赵王派名将李牧、司马尚率兵抵抗，双方相持一年多，难分胜负。

王翦巧妙运用“借刀杀人”和“无中生有”的计策，离间赵王和李牧的关系。他派奸细用重金收买赵王的宠臣郭开，让他在赵王面前散布李牧勾结秦军、图谋反叛的谣言。赵王迁昏庸多疑，对谗言信以为真，就仓促地罢免司马尚，杀死李牧。李牧之死，引起军队对统治集团的极大不满，赵军军心溃散，战斗力锐减。王翦趁机发动攻势，很快攻下赵国都城邯郸，俘获赵王，基本消灭赵国。赵公子嘉率宗族数百人逃奔到代郡，自立为代王，联合燕国，共同对抗秦国。

秦军在追击代王赵嘉时，一直追到易水，逼近燕国西南边境，燕国形势危急，面临灭亡的危险。秦军大兵压境，燕太子丹十分恐惧，便派荆轲前去刺杀嬴政，妄想以此来阻挡秦国的兼并之势。但荆轲的刺杀行动以失败而告终，嬴政大怒，立即命令王翦领军攻打燕、代。燕王和逃亡的代王赵嘉联合出兵抵抗，但他们根本不是秦军的对手。王翦趁势攻取燕国都城蓟，燕王喜与太子丹逃往辽东，燕国基本上也名存实亡。

二、攻打楚国，一波三折

在灭了赵、燕等四国后，秦王嬴政准备攻打楚国。在制订作战计划时，秦王向将军们询问："攻打楚国需要多少兵力？"年轻将军李信胸有成竹地回答："二十万人马足够了。"身经百战的老将军王翦却回答："楚国地广千里，兵甲百万，没有六十万人马不足以消灭楚军。"李信年轻气盛，英勇威武，曾经带领几千士兵把燕太子丹追击到衍水，大败燕军。秦王对王翦的回答很不满意，认为他年纪大了，太胆怯保守了，于是决定由李信、蒙恬率领二十万秦军出征楚国。见此情景，王翦就以老迈有病为由回老家养病去了。

李信率军攻打楚国，一开始比较顺利，接连打了几个胜仗。但他求胜心切，派秦军继续孤军深入楚地，楚军调集重兵进行反攻，李信遭受惨败。秦军被楚军攻破两个营垒，斩杀七个都尉，士卒死伤无数。秦王得知这一战报，既愤怒又悔恨，认识到王翦之前对敌我双方形势的判断具有先见之明。

秦王亲自乘快车奔往频阳，去请王翦出山统兵。但王翦已萌生退意，不愿出山，推辞说：“老臣病弱疲乏，昏聩无能，希望大王另请高明。”秦王态度非常诚恳地谢罪说：“我没有听从将军的话，而使秦军受辱。如今楚军逐日西进，将军虽有病在身，怎能忍心舍弃寡人呢？”秦王一再恳请王翦出来支撑局面，情非得已，王翦说：“如果大王一定让我来指挥攻打楚国的战役，我还是以前那句话，没有六十万兵马不可取胜。”秦王满口答应说：“六十万兵马全凭将军调遣。”王翦这才答应受命统兵出征。

《史记·白起王翦列传》对这次出征有非常详细的描述：

> 于是王翦将兵六十万人，始皇自送至灞上。王翦行，请美田宅园池甚众。始皇曰：“将军行矣，何忧贫乎？”王翦曰：“为大王将，有功终不得封侯，故及大王之向臣，臣亦及时以请园池为子孙业耳。”始皇大笑。王翦既至关，使使还请善田者五辈。或曰：“将军之乞贷，亦已甚矣。”王翦曰：“不然。夫秦王怚而不信人。今空秦国甲士而专委于我，我不多请田宅为子孙业以自坚，顾令秦王坐而疑我邪？”

王翦率领六十万大军出发前，秦王亲自送行至灞上。这时，王翦向秦王提条件说：“老臣年纪大了，一生征战，无所积蓄，这次打胜仗之后，希望大王能够多赏赐我一些良田美宅、园林池苑。”秦王笑道：“放心吧，将军劳苦功高，还怕享受不到荣华富贵吗？”王翦说：“我这是为后世子孙着想啊！想为他们多留下一点家业，请大王成全，千万别忘了这件事。”秦王大笑道：“将军放心去吧，回来一定封赏你。”王翦率军继续前进，行进到武关时，他又接连派几批回去见秦王，希望能够在原来赏赐的基础上再增加田宅。副将劝他说：“将军这样做，太过分了吧？”王翦神秘地笑着说：“你有所不知！我这样做也是迫不得已。大王现在迫不得已，几乎把全国的兵马全部交付给我。我手握重兵，大王肯定会疑惧丛生。大王不放心，就会对我起疑心，如果再有人在旁边煽风点火的话，楚国没灭，我就先被灭了。我向大王多多讨要良田美宅，是为了表明自己没有政治野心，只在乎钱财，这样才会消除大王对我的疑心，使我免遭杀身之祸。”事实证明，这一招果然高明，不仅免除了秦王对他的怀疑，而且使秦王坚定了对他的信任，使他摆脱了秦王在军事指挥上的掣肘。

楚王听说王翦率领六十万人马前来，也调集全国的军队来抵抗秦军。王翦大军到了楚国境内，立即构筑军事营垒，却不肯出战。王翦与士卒同宿同食，意在养精蓄锐，消耗敌军斗志，以待时机殊死一战。楚军数次前来挑战，而秦军却坚壁不出，这样坚持了整整一年。后来，楚军引兵向东，王翦派兵追击，大破楚军。

三、功成身退，取舍有度

大败楚国后，王翦便请求彻底退隐，告老还乡，从此远离朝政，在家安度晚年，最后得以善终。这充分说明，王翦既是一个卓越的军事家，也是一个极富政治智慧的政治家。自古以来，大将或因兵权太重遭受猜忌而被夺去兵权，或因功高震主而招来杀身之祸的事例太多了。李牧被杀、白起被赐剑自杀、乐毅伐齐功亏一篑而被迫出走，都是这样的悲剧。白起一生攻取七十余城，俘敌近百万，在秦国历史上，论军事生涯之久，争城夺地之广，俘获消灭敌人之多，谋划指挥之精明与娴熟，为秦国统一事业贡献之大，无人能与他相比肩，但最终却被秦昭王赐死。

王翦是清醒明智、足智多谋的，他深深懂得伴君如伴虎的道理，懂得飞鸟尽良弓藏、狡兔死走狗烹的无奈，懂得如何明哲保身、功成身退。在个人功勋最卓著、声誉最辉煌的时候，他选择了急流勇退，对权势没有丝毫的留恋，既成就了秦王的丰功伟业，也保全了自己和家人的性命，堪称明智之士。这种取舍有节、进退有度的处世哲学深刻影响到后来的琅琊王氏子孙，使琅琊王氏也得以传承千年。

四、子孙相继，名将世家

王翦的长子王贲，生卒年不详，也是秦朝著名将领，与父亲一起南征北战，在秦灭六国战争中立下不少战功。公元前226年，王贲大败楚军，夺取楚国十几座城池。公元前225年，王贲率兵攻打魏国都城大梁（今河南开封），引黄河之水灌大梁。三个月后，大梁城坏，魏王假请求投降，秦军杀死魏王假，魏国灭亡。王贲不费一兵一卒逼迫魏国投降，充分显示了他的实际作战才能和军事智慧。公元前222年，王贲与李信一起夺取辽东，俘获燕王喜，灭亡燕国。同年，王贲又回师攻打代国，俘虏代王赵嘉，彻底消灭赵国。公元前221年，王贲与李信率军攻打齐国，灭亡齐国。自此秦国统一六国。王贲因军功卓著，受封通武侯。

秦始皇称帝后，为安抚东方百姓进行东巡，王翦的长子王贲、次子王戊和王贲之子王离等十人随行。秦始皇在琅琊居留三个月，下令移民三万户至此，免除其十二年赋役，筑成新琅琊台。刻石记功时，王翦、王贲父子赫然在列，其中王翦更是名列榜首。王贲父子在陪同秦始皇留居琅琊郡的三个月中，对当地的历史、地理和风土民情进行了详细考察，为以后王离之子王元东迁琅琊埋下了伏笔。随秦始皇东巡后，王贲不知所终，很有可能像父亲王翦一样去过隐居生活了。

受名将世家风范的影响，王贲之子王离也是当时的名将。他曾和蒙恬一起去筑长城、抵御匈奴。匈奴退却后，蒙恬带领这部分军队在秦帝国北方的边境长期驻扎。公元前210年，秦始皇在巡游路上病亡，二儿子胡亥与赵高等勾结，秘不发丧，假传诏书赐死长子扶苏和大将蒙恬，将驻扎在边境的军队移交给王离。在秦末农民起义时，王离带着边关的军队回撤，和章邯率领的秦军主力一起与项羽、刘邦起义军作战。在公元前207年的巨鹿之战中，项羽军队破釜沉舟，士气高涨，以迅雷不及掩耳之势断绝秦军粮道，包围了王离的军队。经过九次激烈战斗，项羽军队以少胜多，秦军大败，王离被俘。此后，王离不知去向，一种说法认为，王离可能与归降的十几万秦军将士一起被项羽坑杀了；也有人认为，王离很有可能也像祖父王翦、父亲王贲一样隐居起来了。

王离战败被俘，军营副将遭敌军杀害，其家族面临诛族的命运。王离生有王元、王威二子。次子王威逃到山西太原，成为太原王氏的始祖。长子王元为躲避朝廷追杀，举家迁往琅琊郡，并在那里落脚开基，不断开枝散叶，被后世尊称“王氏琅琊祖”。因为父亲王离是秦末大将，曾镇压过秦末农民起义军，所以刘邦建立汉朝后，王元及其子孙在琅琊一直过着隐姓埋名的生活，直到王元的曾孙王吉出现，琅琊王氏才再次登上历史舞台。

作为琅琊王氏的先祖，王翦、王贲、王离三代名将，受封列侯，这与秦国实施的军功授爵制密切相关。根据这一制度，不论出身门第和阶层，只要立有军功者，都可以享受爵禄，爵禄及身而止，不再传给子孙。这一制度打破了在春秋以前列国普遍存在的“世卿世禄”制度，取消了宗室贵族所享有的世袭特权。

西汉的王吉是琅琊王氏最早见诸史传并享有盛名的重要人物，是琅琊王氏发展中的关键性人物。琅琊王氏从秦代的将门之后发展为魏晋南北朝时期的政治文化大族，其转折性的人物就是王吉。王吉、王骏、王崇祖孙三代，经学传家，为琅琊王氏奠定了深厚的儒学文化背景。王吉精通儒家经典，注重对儿孙的儒学教育，确立了以经学传家的优良传统，开创了琅琊王氏经学传家、勤俭持家的家风，奠定了琅琊王氏家族的文化底蕴，使琅琊王氏逐渐成为儒学世家，进而成为世代簪缨的士族。正因为如此，汉魏以后的琅琊王氏，均骄傲地自称“汉谏议大夫王吉之后”。

一、幼年好学，博学通经

王吉（前110—前48年），又名王阳，字子阳，王渊次子，琅琊皋虞（今山东省即墨市温泉镇皋虞村）人，是西汉著名经学家。他敢言直谏，历经西汉武帝、昭帝、宣帝、元帝四朝，虽然没有位至三公，但他参政时所表现出的儒家诤臣的高贵品行，使其在当时具有很高的名望和声誉。据王晓家先生考证，王吉是王祥的十世祖。

王吉主要活动在汉昭帝、宣帝时期。西汉初年，在政治上主张无为而治，主张清静无为的黄老学说受到重视。汉武帝即位后，如何进一步强化专制主义中央集权制度成为迫切的政治需要。汉武帝下诏征求治国方略，儒生董仲舒在《举贤良对策》中系统地提出了“天人感应”学说、“大一统”学说和“罢黜百家，表彰六经”的主张，得到汉武帝的重视和采纳，西汉开始进入“独尊儒术”的新时代，儒家学说开始在思想文化界取得正统和主导地位。在此后的两千多年里，熟读儒家典籍，以儒家的行为准则立身行事、修身齐家，然后通过察举、征辟或科举的途径立身庙堂，成为一般读书人通向仕途、获取利禄及社会地位的最主要途径。汉武帝接受董仲舒的建议，在京师长安设立太学，设五经博士，专门讲授儒家经典“五经”，教化官吏和民众，吸引大批贵族子弟前来求学。受这种时代风气的影响，王吉从少年时期就刻苦学习儒家经典，他曾经到长安求学，师承著名经学家蔡义，深受经学思想的熏陶。

王吉是西汉时期少有的博学通经者，对《诗经》《春秋》《易经》等都有精深研究。《汉书·王贡两龚鲍传》记载，王吉“少好学明经”。王吉是《韩诗》的第四代传人，曾教授《韩诗》《齐论语》和驺氏《春秋》，喜欢研读《易经》。汉武帝时期，在太学中专门设置五经博士，士子通晓《诗》《书》《礼》《易》《春秋》五部儒家经典中的任何一部就可以入仕。王吉学问广博，能够兼通“五经”，是当时儒生中出类拔萃的人物。精通儒家经典是当时出身寒微的士子出仕为官的重要途径，王吉兼通“五经”，这是他从布衣逐渐步入仕途的重要原因。

汉武帝时期，王吉因为精通儒家经典被郡吏推举为孝廉而出仕，担任临邛令。后来，王吉改任少府的属官若卢右丞，主管兵器坊，不久升任云阳令。他担任临邛县令时，颇有政声，对临邛盐铁业的发展作出了贡献，为临邛民众所拥戴。他与著名文士司马相如交好，帮助成就司马相如与卓文君的一段佳话。

汉代没有科举制度，朝廷选拔人才主要通过察举和征辟两种途径，分别由三公九卿和州郡长官等定期或不定期地向皇帝推荐人才。汉武帝时，朝廷下诏要求朝堂及郡国俸禄二千石以上的官员举荐“贤良方正”“直言极谏”之士，并逐渐形成传统。推荐的人才主要有孝悌力田、贤良方正、孝廉、明经、文学等，主要按照人口比例来推荐，大概二十万人的郡国可以推荐一名孝廉。孝廉，即孝子廉吏，举孝、察廉原为察举二科，西汉晚期，二者合并通称“举孝廉”。汉武帝元光元年（前110年）诏令郡国每年察举孝者、廉者各一人，把遵守、践行孝道与求爵取仕联系起来，首开举孝选官制度的先河。

以孝选官在我国由来已久，远古传说时期大舜至孝而被起用，是举孝选官的萌芽。春秋战国时期，“孝”被列为荐举人才的条件。西汉开始“以孝治天下”，是中国历史上特别重视“孝”的朝代，汉文帝开始以“孝悌”选拔官吏。“举孝廉”成为汉代选拔官吏和任用升迁的重要途径，“以孝选官”蔚然成风。据统计，汉代通过举孝廉而做官的人占到官吏总数的六成以上。西汉时期察举孝廉考核非常严格，王吉以郡吏身份被推举孝廉，可见其年轻时学问和人品已经非常出众，在郡中很有名望。

二、辅佐王侯，屡进忠言

汉昭帝始元五年（前82年），王吉被举荐为贤良方正的人才，这是他脱颖而出的好机会。王吉被任命为昌邑王刘贺的昌邑中尉，秩比二千石，这是他人生的重要转折。昌邑国位于今山东巨野县南，昌邑王刘贺是汉武帝的孙子，汉昭帝的侄子，于始元元年（前86年）即昌邑王位。王国中尉是武职，掌管王国中的军队，是王国中非常重要的官员。王吉能够以文官身份出任这一重要职位，可以看出朝廷对他的信任。

昌邑王刘贺贪酒好色，骄奢淫逸，好猎无度，不问政事，使封国内的百姓劳役过重，以至于怨声载道。但他手下的官员只知溜须拍马、巴结逢迎，王吉曾多次上疏劝谏，希望他能痛改前非，有所建树。王吉有《上疏谏昌邑王》，谏疏中处处彰显以儒家礼法规范行为的思想，充分表现出他恪尽职守、忠君爱主的优良品格。王吉多次谏诤，但昌邑王仍我行我素。虽然昌邑王对王吉的劝说置若罔闻，但还能体会到王吉的良苦用心，敬重其为人，认为“中尉甚忠，数辅吾过”，赏赐给王吉“牛肉五百斤，酒五石，脯五束”，以表彰其忠心。国中之人都知道王吉敢于直言，都很敬重他。

元平元年（前74年），汉昭帝驾崩，因其无子，没有嫡系继承人，大将军霍光召刘贺入朝，将其立为皇太子。消息传到昌邑国，刘贺欣喜若狂。王吉深知刘贺的德行，再次苦口婆心地上疏劝谏他。在《奏书戒昌邑王》中，王吉根据当时特殊的政治环境，审时度势，规劝刘贺要敬重大臣，勤于国事，低调隐忍，韬光养晦。但刘贺对他的劝谏无动于衷，赴京之后，在行为上仍然我行我素，放纵恣肆，不仅没有抚慰迎立他的霍光等大臣，反而任人唯亲，把原昌邑国的旧臣全部封了官。刘贺的所作所为很快引起霍光等朝中重臣的不满，他登上皇帝宝座仅仅二十七天，就因荒淫无道被废为庶人，成为西汉历史上在位时间最短的皇帝。

刘贺带进长安的二百多位以前的臣僚因“在国时不举奏王罪过”而受到株连，或被处死，或被下狱。幸亏王吉和郎中令龚遂没有与那些讨好逢迎昌邑王的人同流合污，多次忠直进谏，才躲过一死，仅受到轻微处罚。昌邑王被废，王吉虽然躲过一劫，但他对自己在诸侯王国任职的经历心有余悸。所以，他晚年告诫子孙“毋为王国吏”，这是他为官经验教训的深刻总结。

汉代诸侯王往往生活骄纵，不守礼法。面对这样的主子，王国的属官经常会陷入两难的境地：一方面，作为中央政府任命的官员，他们必须遵守朝廷的法律政令，对诸侯王行使一定的行政监督权；另一方面，作为王国的属官，他们又与诸侯王有君臣之义，有责任对其不合礼法的行为进行匡正直谏，使之符合儒家思想的教化指导。这两者的关系处理不好，轻则会受到责罚，重则会有性命之虞。王吉之子王骏及其孙王崇以及后来的琅琊王氏子孙都能谨守王吉的训导，出仕为官尽心尽力，恪守臣道，并能在复杂的朝廷斗争中韬光养晦，趋利避害。

三、谏言不纳，辞官隐退

后来，汉宣帝征召王吉入京，起用为博士、谏议大夫，这是王吉在朝廷任职的开始。谏议大夫属于朝廷里的中级官员，大致相当于四品，由此可见朝廷对王吉正直性格和深厚学问的器重，这种性格和学问成为琅琊王氏崛起的基础。在谏议大夫任上，他针对当时皇室奢靡无度、任人唯亲等时弊，写《上宣帝疏言得失》，上疏劝宣帝选贤任能，废除荫袭制度；对故人和外戚待遇要优厚，但不要使之居高位；提倡俭朴，爱惜财力，以整顿吏治；淳厚民风，使国家兴旺发达。但他的建议不仅未被汉宣帝采纳，反而被视为迂阔之言，从而失去皇帝的信任。王吉见自己的政治主张不为当朝皇帝所接受，就以病为由辞官隐退，回归故里琅琊。

大约从汉宣帝本始元年（前73年）左右，至宣帝黄龙元年（前49年）宣帝驾崩，其间二十四年的时间，王吉一直在琅琊过着闲居的生活。在这一时期，他以经学授徒，向弟子讲授《诗经》、《论语》、驺氏《春秋》等，宰相张禹、名士长孙顺等都曾经跟他学经。后来，他由琅琊皋虞迁居琅琊临沂都乡南仁里（今山东省临沂市兰山区白沙埠镇孝友村），成为琅琊王氏居临沂的始迁祖。

宣帝黄龙元年，元帝刘奭即位，他听说王吉、贡禹通晓经学，行为高洁，便派遣使者赴其家乡征召二人入朝为官。王吉与贡禹情投意合，交情深厚，引为挚友。当时流行一句话，叫“王阳在位，贡公弹冠”，意谓王吉要当官了，贡禹也把帽子上的灰尘弹弹，准备去赴任，后来由这一句流行语衍生出“弹冠相庆”这个成语。但遗憾的是，后来贡禹赶到朝廷做了官，王吉因年高体弱，在赴京途中病故，归葬琅琊皋虞。王吉去世后，元帝很悲伤，专门派使者前去吊祭。人们把王吉和古代圣贤相比，把他和他的儿子王骏一起称为贤父子。皋虞在汉朝时独立为县，隋朝时并于即墨县。《即墨县志》中将王吉父子与世人皆知的田单、田横相提并论。

四、道德完善，身体力行

王吉重视封建道德，注重家族成员道德的自我完善，并能够身体力行，在日常行为中自觉以儒家礼制要求为准则，并以此去维护道德的纯洁性，这种道德自律为后世琅琊王氏拥有“累世之美”奠定了思想基础。王吉还积极推行儒家礼制，有时候甚至到了非常苛刻的地步。

据《汉书·王贡两龚鲍传》记载，他在长安求学时，邻居家有一棵枣树，长得枝繁叶茂，枝叶伸到了王吉的院中，妻子顺手摘了几颗枣子给他吃。后来，王吉得知事情的原委，非常生气，就将妻子赶出家门。邻居听说后，非常过意不去，认为都是自家枣树惹的祸，就打算把枣树砍掉。经过邻里的反复劝说，王吉才允许妻子回家。因此，当时流传着“东家有树，王阳妇去，东家枣完，去妇复还”的佳话，王阳即王吉。

王吉的行为虽然有一些沽名钓誉的成分，但其行为本身对于规范家族成员的道德观念、醇化世风人伦起到了积极的作用。因此，班固对王吉推崇备至，在《汉书》本传中将其视为当时的大儒，将他与贡禹等人一起列入“以礼让进退”一类的人物，与周朝的伯夷、叔齐以及西汉时期的“商山四皓”（东园公唐秉、夏黄公崔广、绮里季吴实、角里先生周术）、郑子真、严君平等有名望的隐士相提并论。伯夷、叔齐以气节、谦让体现仁心，郑子真、严君平等人以礼让退避而扬名。“商山四皓”并不像真的隐士那样，对世间之事漠不关心，他们是有担当精神的儒士，隐居期间仍然通过不同的渠道时刻关心着天下大事，当国家处于危难关头，他们挺身而出，置个人名利于不顾，保太子，安社稷。在班固看来，王吉的所作所为也像他们一样，对淳化世俗民风起到了积极的作用。

王吉从家庭成员道德的自我完善、为政清正廉洁以及推行儒家礼制名分的角度去维护社会人伦政治的纯洁性，表现了一个具有较深传统观念以及良好道德素养的文人士大夫应有的强烈的社会责任感。这种道德自律对琅琊王氏产生了深刻影响。

作为一名深受儒家思想浸润的官员，王吉参政以清正廉洁、敢言直谏、忠君为民而著称于世。作为一名学养深厚的儒家学者，王吉以博通经术与传授经学而得名，以“纯儒”留名青史。他在朝为官时虽然没有得到皇帝的重用，但在民间有着非常好的声誉。对王吉的赞誉，在很大程度上可以说是后世史家或者时人某种政治理念的反映。因为西汉自宣帝以后，真正像王吉这样既遵从儒家传统，又坚持自己政治主张的文人士大夫越来越少。对于大多数饱读经书的文人来说，他们在内心深处还是希望能够像王吉那样，通过自己的学术思想与政治主张对皇帝的治国安邦产生积极的影响。王吉奠定的这种家学传统和为政风格对其家族的存在与发展产生了积极且深刻的影响。

汉宣帝时，王吉被任命为益州刺史，这是一个身兼文武的重要职位。自古以来，“蜀道难，难于上青天”，王吉赴益州上任时，走到邛崃九折阪，曾感叹当地地势险峻，留下一个“王阳畏途”的故事。九折阪在蜀郡严道县，它所在的大相岭是四川盆地和西昌谷地的天然屏障。这里气候寒冷，夏日凝冰，道路曲折险峻，下临万丈深渊，路人只能在悬崖绝壁上胆战心惊地艰难行走，道路之险绝让人望而生畏。王吉到此感叹道：“奉先人遗体，奈何数乘此险！”

据《汉书·赵尹韩张两王传》记载，涿郡高阳人王尊由郿令迁任益州刺史，走到九折阪时，问官吏道：“这里就是之前王阳畏惧的道路吗？”官吏回答说：“是的。”王尊大声对驾车人说：“快马加鞭向前跑！王阳要做孝子，王尊要做忠臣。”儒家提倡的孝道认为“身体发肤，受之父母，不敢毁伤，孝之始也”，因此“王阳畏途”，体现了一片孝心；王尊赴任，不畏险途，体现了一片爱国之心。王尊治理益州两年，政绩、口碑都很好，他也因此升任东郡太守。王尊是东海即今山东日照、江苏连云港一带当路王氏的始迁祖。

王吉世名清廉，居官不蓄财，但又非常善于打理自己的日常生活，平日里对自己的衣食住行等都比较讲究。他辞官回乡归隐时，没有什么积蓄，行囊中更没有金银锦绣等贵重物品，只有一些日常生活中必需的衣物用品。他回乡后的起居饮食，也只是和平民百姓一样的粗茶淡饭。天下人既佩服他为官清廉，又奇怪他为什么能够车服鲜明，因此有“王阳能作黄金”的戏言。后来，“囊衣”“王阳金”均成了典故，不断出现在后世文人在诗文中，体现了人们对王吉清廉为官的赞颂之情。如，宋代张耒《送梅子明通判余杭》：“家有王阳金，清商奏箫竽。”王安石《示江公佐外厨遗火》诗：“王阳幸有囊衣在，报赏焦头亦未贫。”清代袁枚《读史杂诗》之六：“一笑王阳金不化，三君容易八厨难。”

五、子孙相继，经学传家

王吉之子王骏，主要活跃在汉元帝和汉成帝时期，历任谏议大夫、赵国内史、幽州刺史、司隶校尉、少府、京兆尹，最后官至御史大夫，位居“三公”。王骏从小受父亲的言传身教，耳濡目染，继承了父亲的优点与思想。王骏明经行修，贤明贯天下。王骏的出仕之道与父亲王吉相同，也是通过举孝廉进入官场的。因为父亲的良好声望，王骏曾得到朝中很多大臣的举荐。如左曹陈咸出于对王骏家学、道德的褒奖以及希望借此激励世俗的心理，举荐说："王骏同他父亲一样有德才，精通经学，德行好，应当使其显贵来激励一般人。"著名的经学家匡衡也举荐王骏有独自随机应答的才能。正因为如此，王骏在举孝廉为郎后，直接出任谏议大夫，达到父亲当年的官位。王骏后来被朝廷任命为赵国内史，父亲"毋为王国吏"的训诫让他内心非常矛盾。他既要遵从父亲的教诲，又不能抗旨不遵，无奈之下，只好在半道上称病辞官回家。

与父亲的经历不同，王骏在担任谏议大夫后，在外官任上经过长期历练，从谏议大夫到幽州刺史再到司隶校尉、京兆尹，一步步靠近政治中心。在每一任上，他都尽心尽责，用自己的满腹经纶为辖区百姓带来福祉，颇有政绩。王骏被提升为司隶校尉后，负责监督京师和地方。身为监察官，他敢于直谏、不避权贵、不徇私情。丞相匡衡曾举荐过王骏，对他有知遇之恩，王骏却因其"专地盗土"的贪腐事件弹劾奏免他，致使匡衡被免去丞相之职，贬为庶人。后来，王骏又相继升任少府、京兆尹。

京兆尹是中国古代首都主持政务的长官，在秦代名为内史，汉武帝时改为京兆尹。京兆尹是一个极其锻炼人的职位，权力很大，但因为地处天子脚下，各种势力盘根错节，因此这个职位也非常难做。京兆尹既要干出政绩，又要处理好上上下下、方方面面的复杂关系，才能安稳过日子，任何一方面没有处置好，便可能遗留后患。京兆尹处于各种矛盾之中，如何摆平矛盾、处理好彼此的关系很重要。因此，能够担任京兆尹的人不是采用严刑峻法的酷吏，就是手段高超的能人。

王骏在京兆尹任上凭借自己的聪明才智交出了让人满意的答卷，在京兆百姓中留下"前有赵、张，后有三王"的美誉。"前有赵、张，后有三王”是指汉代担任京兆尹的五位能人，分别是赵广汉、张敞、王尊、王章、王骏。但前四个人的命运让人唏嘘，赵广汉因为手下吏胥与丞相下属之间的矛盾而被腰斩，张敞被免为庶人，王尊因罪被免职，王章因得罪外戚被杀。只有王骏有幸从京兆尹转任御史大夫，掌握全国的监察大权，在这个岗位上兢兢业业地干了六年后得以善终。

王骏时刻以古圣先贤为榜样，以道德纯正获得世人的赞誉。妻子死后，他不再继娶，有人问他原因，他回答道：“德非曾参，子非华、元，亦何敢娶？”他说自己德行比不上曾参，孩子们也没有曾参的两个儿子华、元的德行，曾参都不敢再娶，自己有什么资格敢再娶呢？从这个记载就可以看出王骏本人严于自律，言行一致，为琅琊王氏道德政治的完善与延续发挥了重要的作用。王骏在任所获得的世誉，与其父王吉在民间的崇高声誉一样，均反映了世人对其家族道德学问、政治业绩的肯定。这种肯定所产生的积极影响，是一个家族在社会政治舞台中能够立足的重要前提。

王骏的儿子王崇，与父亲、祖父一样，也是一位良吏。他“以父任为郎，历刺史、郡守，治有能名”，一直升任御史大夫。后来，王崇因故被左迁大司农，再徙卫尉左将军。王莽当政，王崇升任大司空，封扶平侯。过了一年多的时间，他看透了王莽的野心，不愿与之同流合污，称病辞官回乡。但不幸的是，他辞官归乡一年后，被家中奴婢毒死。

王吉与其子王骏、孙王崇三世为官，禄位弥重，祖孙三代先后仕汉长达八十余年之久，使琅琊王氏家族的政治和文化地位不断上升。琅琊王氏在西汉晚期已经成为上层世族，王骏、王崇父子两代位列三公担任御史大夫，王崇已与皇室有姻亲关系。王吉祖孙三人道德学问一脉相承，以道德纯正受到世人赞誉，“有累世之美”。他们以礼法为准绳，以儒家思想作为从政原则，为官均有能名，敢于直谏，不避权贵。琅琊王氏自王吉起确立的家风被其后代不断发扬，为琅琊王氏家族以后的显贵奠定了基础。

王吉祖孙三代经学传家，以德服人，“世名清廉”，皆葬于皋虞。西汉元帝初元元年癸酉即公元前48年三月，王吉病故，卒后回葬今山东省即墨市温泉镇皋虞村，琅琊名士诸葛丰为其撰写墓志铭。王吉祖孙墓群已被列为山东省级文物保护单位，琅琊王氏后世子孙现在每年都到皋虞的王吉祖孙墓群拜祭。据《即墨县志》载，王吉祖孙三代都被供奉于即墨乡贤祠，其中王吉、王骏还进了即墨九贤祠。《山东通志》卷三十七载：王吉墓在即墨县东五十里钱谷山麓，子骏、孙崇墓皆祔。据山东临沂孝友村谱记载，昔日即墨有祠堂、祭田，规模宏大。城东皋虞城内有王公祠，祀西汉谏议大夫王吉、御史大夫王骏、大司空王崇。

随着王崇被害，封国被废除，琅琊王氏在西汉后期归于沉寂，东汉时期的琅琊王氏，史书记载极为简略。除因汉末战乱谱牒散失外，可能也与琅琊王氏的政治地位和社会地位开始下降，以致世系不明、人员事迹无考有关。据王氏族谱记载，王崇之后虽有王遵、王音等分别担任过中大夫与大将军等职，但《后汉书》所载东汉二百余年的历史，琅琊王氏却没有载入史册之人。直至魏晋时期，王吉的后代——已迁至琅琊临沂的王雄、王祥、王览等人再度光大琅琊王氏的门楣，将其推入士族的行列，由此奠定琅琊王氏大家族的地位。

一、世风变迁，明哲保身

东汉末年，随着二次“党锢之祸”对士人的残酷迫害和察举征辟制度的蜕变崩溃，士人的生存状态开始发生巨大的变化。原有的通过学习儒家经典，修身齐家，然后进入仕途实现治国平天下的理想之路被堵死。贤良、博学、孝悌、忠谨的家族风尚与个人修养，已经不再适应当时社会对人才的现实需要。琅琊王氏自王吉以来所形成的这种家族道德政治传统，难以得到朝廷的认可与接受。正因为如此，自王崇之后，王氏家族成员对经学的研习不断弱化，逐渐丧失关注社会政治的热情，子弟多依靠祖宗荫德庇护，而不在学问上下功夫。因此，琅琊王氏家族的声势陡然下降，二百多年未有载入史籍者。

魏晋时期，九品中正制成为朝廷选拔官吏的依据，官吏多数从世家大族中挑选，朝廷实际上是由世家大族把持的。琅琊王氏是后起家族，因为经学而出仕，又因为官位而受到尊重，政治根基并不牢固。王吉至王崇三代为官清廉，很少积累财物，家族的经济基础并不雄厚，还算不上世家大族。当通经取士的道路被阻断以后，家族子弟如果再无为官理政的能力，其家族就会逐渐淡出朝局。

王吉有“毋为王国吏”的深刻教训，王吉之子王骏以及其孙王崇均有被奏免或避贤退让的经历，官场的浮沉与风云变幻让琅琊王氏子弟心有余悸，先祖王翦进退有度的处世哲学也在时刻警示着王氏子孙，让他们自觉产生一种戒显退让、全身远祸的心态。在动荡混乱的年代，对于琅琊王氏子孙来说，“保家宜族”是首要的选择。但有时，“保家宜族”必须避开错综复杂、变幻莫测的政治形势，这对于那些既重视家族传承，又希望通过参与政治来光大门楣的人来说，是很难选择的。

在汉末战乱年代，不出仕是安身立命的最好办法，一旦出仕就可能遭受杀戮和不测。王祥的伯父王叡在东汉末年曾任荆州刺史，因与南阳太守羊续一起平定士兵赵慈的叛乱有功，被汉灵帝封为安次侯。王叡曾与长沙太守孙坚一同领兵讨伐零陵郡、桂阳郡的叛乱。在此过程中，王叡自恃出身于儒学大族，而看不起寒门武将出身的孙坚，对孙坚态度傲慢，言语间颇多轻视之语，由此招致孙坚忌恨。王叡准备起兵讨伐董卓之时，遭到率部路过荆州的孙坚的报复，他走投无路，被迫吞金自杀，其继任者为后来的刘表。

王叡之死对于王祥之父王融来说，无疑是个巨大的打击和严重的警告。王融从兄长的杀身之祸中吸取教训，将家族自兴盛以来顺势而动的作风淋漓尽致地体现出来。他“公府辟不就”，情愿在家守业，专心教导儿子王祥和王览。《晋书》卷三十三《王祥传》也记载，王祥“汉末遭乱，携母扶弟避地庐江，隐居三十余年，不应州郡之命”。政治的变故，成为琅琊王氏远离仕途的一个重要原因。

二、积蓄力量，重振门庭

汉武帝“罢黜百家，独尊儒术”后，封建统治者以儒家的经籍、礼法取士逐渐成为定制，研习经籍成为一些家族世代的家学，遵从礼法成为某些家族世代不变的门风。王吉、王骏、王崇祖孙三代的儒学功底相当深厚，王崇之孙王遵继承家族的儒学传统，因读书通经被朝廷起用，为博士弟子。

汉明帝喜好佛法，王遵在继承家族儒学传统的同时，能够因时而动，紧随皇帝的心意也关注佛经，因而深受汉明帝信任。汉明帝派遣心腹大臣秦景、王遵等人出使天竺，访求佛道，开启了中国首次西游之旅。王遵等人经过长途跋涉，历经千辛万苦，终于到达天竺国，受到天竺君臣百姓的热烈欢迎。天竺国特别指派两位得道高僧跟随王遵等人到中土传授佛法。汉明帝永平十年（前67年），王遵等人带着两位天竺高僧，用白马驮着佛像与多卷佛经，辗转返回东汉都城洛阳。汉明帝让工匠依照天竺的式样，在洛阳东边建筑一座寺院，专门安置天竺高僧，供奉佛像，存放佛经。这是中国第一座寺院，因为是白马将佛像与经文从天竺一路驮到中原大地，这座寺院便以白马命名，称为“白马寺”。

从王遵开始，琅琊王氏进入新的发展期。王遵的儿子王仁官至青州刺史，孙子王叡为荆州刺史，另一个孙子王融虽然没有出仕做官，但能被公府征辟也充分说明其在地方上具有较大的影响力。王融的不出仕有可能是因为家族中必须有一人在原籍守护产业，在王仁四个儿子中，他年纪最小，受父母在不远游传统观念的影响，他理所当然地充当了这样的角色。王融的不出仕也可能是其性格使然，按照史书所载王祥和王览的性格来推测，王融应不是非常具有进取精神之人。从王叡看不起寒门武将出身的孙坚来看，他已有了较为自觉的门第意识。王融虽然没有出仕，但从其婚配情况来看，也应有着维护自家门第的自觉意识。其原配之妻高平薛氏，为名门望族；继娶庐江朱氏，亦为当地大姓。

东汉以降，朝代更迭所造成的风云变幻和世风变迁，深刻地影响着琅琊王氏仁宦政治的延续。保持家族门第不衰、家风世代不坠，是一个家族保持政治优势的前提。家族政治的连续性以及官品爵位的高低，是衡量一个家族政治地位的重要标志。琅琊王氏此时虽然在政治上尚未平步青云，但仍然具有一定的地位和影响力。琅琊王氏深厚的儒学素养与仁宦政治的延续为其兴起不断积聚着力量，使他们得以在魏晋之际一鸣惊人。

三、名臣王雄，承上启下

王雄，字元伯，生卒年不详。王雄的父、祖均无可考，大约是官卑职小，史所不载。王雄文武兼备，胆略过人，曾相继担任过三个县的地方官，当任之时颇有政绩。后来，他担任涿郡太守，与安定太守孟达一起担任西部从事，因“天性良固，果而有谋”，深得孟达赞佩。孟达上表向魏文帝曹丕举荐王雄，认为王雄之才“兼资文武，忠烈之性，逾越伦辈”，并认为涿郡这个地方人少又没有防护之责，不足以让王雄施展才华，希望魏文帝另委王雄以重任。魏文帝采纳了孟达的建议，先让王雄参与散骑常侍的选拔，后来任命他为幽州刺史，承担起拱卫北部边境的重任。从王雄开始，曹丕要求士人们先出任散骑常侍，然后才能外放到州郡担任地方官，“散骑常侍”这个官职也渐渐变成了显职，有众多名门士子都出任过此职。

在幽州刺史任上，王雄尽职尽责，有勇有谋。他派韩龙刺杀了当时北方鲜卑族的部落首领轲比能，解除了鲜卑部落对曹魏边境的威胁。轲比能既能领兵作战，又能很好地处理部族内部的矛盾，深受族民爱戴。他一方面向曹魏进献财物以表臣服，另一方面又在不断收编周边部落，壮大自身实力。他曾与诸葛亮密谋，想联合蜀国共同攻击曹魏。但由于战局的变化，诸葛亮于无奈中班师回朝，与轲比能的联盟不攻自破。此时的轲比能不但没有选择向曹魏服软，反而纠集军队在边境上不断惹事挑衅，同时还蛊惑其他部落一起对抗曹魏。轲比能被刺杀身亡后，漠南鲜卑各部为了各自的利益互相残杀，再次陷入四分五裂的状态。曹魏和鲜卑交界处的汉人居民也不用提心吊胆时时防备鲜卑人的突然侵扰，终于能够过上安宁祥和的生活了。更重要的是，从此以后曹魏再也不用担心鲜卑族会乘虚而入，可以集中兵力专心致志地对付吴、蜀两国了。在王雄任职期间，“边陲差安，漠南少事”，他也因此成为魏初名臣，琅琊王氏开始显达。

就琅琊王氏家族而言，王雄是琅琊王氏家族发展史上承上启下的关键人物。王雄之子王浑、王乂皆曾任职北方，一为凉州刺史，一为平北将军、幽州都督。王雄之子之所以能进入曹魏政权的核心，除自己的才能之外，王雄在曹魏政权中的地位以及曾长期担任北部边境地区的地方官亦是一个重要因素。而王浑、王乂在官场上的地位，又直接影响到下一代。西晋时期的司徒王戎是王浑之子，太尉王衍、荆州刺史王澄皆是王乂之子，这三人在政治地位和社会地位上极大地推动了整个家族的发展，使琅琊王氏真正成为一流世族。

王吉而下六代为王祥，王祥是琅琊王氏家族发展中的关键性人物，从他开始琅琊王氏高门士族的社会地位真正确立起来，拉开了数百年冠冕绵延的序幕。在王祥之后，无论朝政如何变迁，王氏子孙的政治地位蒸蒸日上，总能获居高官厚爵，琅琊王氏家族逐渐成为六朝时期最显赫的门阀之一。王祥最著名的是他的孝行，他以孝出名，以孝入仕，以“卧冰求鲤”名列“二十四孝”，被尊称为“孝圣”。

一、卧冰求鲤，感天动地

王祥生逢乱世，幼年丧母，继母朱氏生下儿子王览后，非常讨厌王祥，经常在父亲王融面前诋毁他。一开始父亲对王祥很疼爱，但继母数落王祥的枕边风吹多了，父亲对他的态度也逐渐发生了变化，对他的关爱日渐减少。父亲去世后，继母更是将他视为眼中钉、肉中刺，变着花样折磨他，甚至想要暗中杀害他。王祥则始终承顺继母，想尽办法去侍奉、孝敬她，做出了种种非同寻常的举动。他孝敬继母三十年如一日，体现了以德报怨、顾全大局的宽广胸怀和善始善终、任劳任怨的坚韧品格。这种孝行不仅感化了继母的心，成就了父母的名声，还引导了弟弟王览的善心。

历代典籍中关于王祥孝行的记载可谓连绵不绝，如魏晋南北朝时期的《三国志》《搜神记》《晋阳秋》《世说新语》以及唐宋人编著的《晋书》《资治通鉴》等都有关于王祥行孝的记载。这些故事大同小异，有“层累地造成”之特点。《晋书·王祥传》对其孝行的记述就是综合前人记载而成的：

祥性至孝。早丧亲，继母朱氏不慈，数谮之，由是失爱于父。每使扫除牛下，祥愈恭谨。父母有疾，衣不解带，汤药必亲尝。母常欲生鱼，时天寒冰冻，祥解衣将剖冰求之，冰忽自解，双鲤跃出，持之而归。母又思黄雀炙，复有黄雀数十飞入其幕，复以供母。乡里惊叹，以为孝感所致焉。有丹柰结实，母命守之，每风雨，祥辄抱树而泣。其笃孝纯至如此。

有关王祥最著名的是“卧冰求鲤”的故事，这一故事原本为“剖冰求鲤”，最早见于东晋史学家干宝编撰的志怪小说《搜神记》。《搜神记》以辑录鬼怪神仙故事为主，也记载一些琐闻杂记和民间传说，其中收录有王祥孝亲的故事，题为《王祥剖冰》。刘孝标在对《世说新语》的注释中引用《晋阳秋》中的记载也采用了“王祥剖冰”的说法。唐人编撰的《晋书》中记载与《搜神记》大致相同，仍为“王祥剖冰”。

故事的大意是：一年冬天，王祥的继母病了，茶饭不思，一家人都很担忧。有一天，她忽然说想吃鱼，但当时天寒地冻，根本没有卖鱼的。王祥为了满足继母的愿望，悄悄地来到村边的小河旁，想看看能否抓到几条小鱼。河面上结着一层厚厚的冰，根本看不到鱼，王祥想到凿冰取鱼的办法。由于天冷穿的衣服比较笨重，活动起来很不方便，他脱掉厚重的棉衣，拿起一块石头，准备用力凿开冰面。这时冰面突然化开了一个洞，两条鲤鱼从洞中一跃而出。王祥喜出望外，赶紧抓着这两条鱼回家了。

还有其他一些文献可与《晋书》相印证。如《初学记》三引师觉授《孝子传》：

王祥少有德行，失母。后母憎而谮之，祥孝弥谨。盛寒河冰，网罟不施，母欲得生鱼。祥解褐扣冰求之，忽冰少开，有双鲤出游，祥垂纶获之而归。人谓之至孝所致也。

焦循《易余籥录》二十：

《晋书·王祥传》："母常欲生鱼，时天寒冰冻，祥解衣将剖冰求之。"按解衣者，将用力击开冰冻，冬月衣厚，不便用力也。非必裸至于赤体，俗传为卧冰，尤此事也。

这些记载明白无误地告诉我们，王祥虽然不惧严寒到河里为继母捕鱼，但他只是想把冰剖开，看看能否侥幸找到鱼，这种做法是符合逻辑的。他并没有脱光衣服，卧在冰上，希望用孝心感动上苍。

为了渲染王祥的孝行，在故事流传过程中，人们不断把王祥求鱼神秘化，增加了不少神话色彩。北宋时期，人们开始将之前文献所载"扣冰（剖冰）求鱼"之事逐步改为"卧冰求鲤"。北宋陈师道在笔记《后山谈丛》中记载："世传王祥卧冰求鱼以养母。至今沂水岁寒冰厚，独祥卧处，缺而不合。"

南宋时，"卧冰求鲤"的说法已经比较普遍，广泛出现在文人笔记、诗歌及其他文献记载中。如曾季貍《艇斋诗话》："老杜：'青青竹笋迎船出，白白江鱼入馔来。'山谷云：'此送人迎庭闱诗，故用此二事，皆孝于亲者。'然王祥卧冰，于鱼事用之则可；孟宗乃母亡后，思母所嗜，冬月生笋，恐不应用也。'"刘克庄《杂咏一百首·王祥》："礼律通称母，宁分继与亲。乃知履霜子，绝似卧冰人。"徐钧《王祥》云："卧冰得鲤供亲养，至孝诚能上格天。每信天人常吻合，应知容谷响声传。"潘自牧在类书《记纂渊海》中引《孝子传》曰："王祥事继母至孝，母疾思食鱼，时冬月，冰坚不可得。祥解衣卧冰上，少时冰开，双鲤跃出。"邵雍《梦林玄解·梦占》："占曰：王祥卧冰，出鱼救母。"

元人郭守正编纂《二十四孝》一书时，也将"王祥剖冰"改为"王祥卧冰”。“剖冰”与“卧冰”一字之差，不仅凸显王祥的孝心，也增添了王祥之孝的神话色彩。从此以后，王祥“卧冰求鲤”的故事广为传颂。在王祥、王览故里山东临沂孝友村，有“卧冰碑”与“守柰碑”。这两处石碑后来均有修复，两处碑文均为山东省艺术研究院研究员、琅琊王氏研究会名誉会长王晓家所撰。

后来，人们在“卧冰求鲤”传说的基础上，不断增加典型事件，扩展故事情节，增加了“风雨守柰”“黄雀入幕”“跪母求死”等细节描写，更加生动具体地凸显王祥的孝亲美德。

关于“风雨守柰”这一故事，文献记载稍有出入。《晋书·王祥传》记载：

有丹柰结实，母命守之，每风雨，祥辄抱树而泣。其笃孝纯至如此。

《世说新语·德行》记载：

王祥事后母朱夫人甚谨。家有一李树，结子殊好，母恒使守之。时风雨忽至，祥抱树而泣。

《世说新语》刘孝标注引萧广济《孝子传》曰：

祥后母庭中有李，始结子，使祥昼视鸟雀，夜则趋鼠。一夜，风雨大至，祥抱泣至晓，母见之恻然。

我们综合各种文字记载，联系事情的前因后果，可以展开合理的想象，故事的大致情况是这样的：

王祥的继母朱氏总是想方设法虐待王祥夫妻，让王祥白天在地里干活，让王祥妻子纺织到深夜。秋天到了，柰园的柰子快熟了，继母让王祥搬着铺盖行李到柰园的草棚里睡，说是要看护柰园，防止鸟儿啄食，防止人偷，实际上是为了将王祥夫妻分开。继母说，你要好好看护，不许偷奸耍滑，少了一个柰子，拿你是问。什么时候柰子熟了，拉到集市上卖完了，你就什么时候回家。一天晚上，狂风大作，电闪雷鸣，大雨滂沱。王祥在睡梦中惊醒，他赶紧爬起来向柰园奔去，心想柰子肯定全没了，这么多天的心血全都白费了！他绝望地抱住那棵最大的柰树，大哭不止。过了许久，天亮了，风停雨住了。王祥惊奇地发现，自家的柰园竟然完好无损，柰子挂满枝头，好像暴风雨不曾来过；他不敢相信自己的眼睛，使劲儿揉了揉，向四周看去，只见不少大树被拦腰折断，果子散落一地，远处墙倒屋塌，一片狼藉。大家都以为这是王祥的孝心感动了上天，上天赐福于王祥，保佑了柰园，使他免受继母的责罚。

“黄雀入幕”的故事见于刘孝标注释《世说新语》时引用萧广济《孝子传》中的记载：

> 祥后母忽欲黄雀炙，祥念难卒致。须臾，有数十黄雀飞入其幕。母之所须，必自奔走，无不得焉。其诚至如此。

冬天，王祥的后母忽然说想吃烤黄雀。但黄雀是候鸟，春季在我国北方，秋季迁徙到南方过冬。大雪茫茫，到哪里弄黄雀呢？王祥十分为难。不一会儿，奇迹出现了，竟然有十几只黄雀自动飞入他的帐幕之中。乡亲们听说了以后，都认为这是被王祥孝心感动所致。

王祥之孝感天动地的背后，寄予着人们的美好希望，寄托着人们对孝子的美好祝愿。在魏晋南北朝时期，经常出现孝感动天的记载，王祥“卧冰求鲤”是孝子感动上天的标志性事件。魏晋南北朝时期，孝感通神观念非常流行。人们相信，精诚所至、金石为开，满怀诚意的孝行具有感应神灵的奇妙作用，能够引起自然界的动植物出现反常行为和反常现象，甚至使天象出现异常。如“卧冰求鲤”“黄雀入幕”故事中，鱼和黄雀的反常出现，都是孝感动天的明显征兆。“二十四孝”故事中，孟宗哭竹生笋也感人至深。

在湖南东安县民间也流传着一则“孝子潭”的传说，可以视为“卧冰求鲤”故事在后世的翻版。清康熙《永州府志》载：李文珍，南宋咸淳年间人，他和八十岁的老母亲一起生活，对母亲极为孝顺。一年冬天，母亲得了一种怪病，想喝鱼汤。当时正是冰冻季节，潭水结了冰，无法捕鱼。为了给母亲治病，李文珍来到潭边，暗自向上天祷告，用斧头将潭水上面的冰层凿开，竟然捉住了三条鱼，回家煮给母亲吃，母亲的病很快好转了。又过了三年，母亲的怪病又复发了。李文珍又像上次一样来到潭边，一边向上天祷告，一边凿开潭的冰层捕鱼。但等了很久，也没有捉到一条鱼。于是他脱掉衣服，不顾严冬潭水冰冷刺骨，潜入潭中去摸鱼。旁观的人都担心：天气这么冷还下水摸鱼，恐怕不但捉不到鱼，连性命都有危险。但过了一会儿，李文珍从冰冷的水里钻了出来，腋下夹着一条大活鱼！母亲吃了鱼之后，病情再一次好转。当地村民被李文珍的孝心所感动，就把他捕鱼的潭叫“孝子潭”。明朝诗人邓廷炜曾游览孝子潭，并题写《游孝子潭诗》：“一泓潭水绿，古泪尚雷痕。救母得不死，伊人今独尊。残碑卧荒草，溪响落孤村。风雨无穷憾，秋生枯树根。”清朝诗人刘世湖也曾题写《观孝子潭诗》：“李公传盛事，潭影日悠悠。至性同霜冷，纯心带月浮。鱼翻疑旧迹，水去漾就流。问道登临者，寻踪每荡舟。”这些传说与诗句寄托着人们对孝亲美德的赞颂与弘扬。

关于王祥“卧冰求鲤”孝敬后母的故事，在今山东省临沂市一带有不少民间故事在流传。王祥卧冰的那条河后来被人们称为孝感河，《临沂县志》记载：“孝感河，源出城北桃花岭。东南经孝友村，村为王元公故里，河所由名也。”“王元公”就是指王祥。《沂州志》则记载：“冰冻天地，王祥卧冰之处，宛若人影，即为王祥精神所化。”据临沂当地人的传说，孝感河里的鲤鱼与其他河里的鲤鱼不同，长有四个鼻孔，河中所产莲藕，则有九个孔。王祥卧冰求鲤的地方被称为“孝河凝冰”，成为“琅琊八景”之一。历代的不少文人雅士，也经常吟诗联句，题咏王祥的孝行。唐代柳宗元诗中云："故友仍同里，常僚每合堂。渊龙过许劭，冰鲤吊王祥。"明代诗人戴爔《琅琊北望》诗中有"卧龙跃鲤皆祠庙"之句。"卧龙"，指三国时代蜀汉丞相诸葛亮，他"生在琅琊，长在隆中"。诸葛亮在南阳隆中隐居时，受到刘备"三顾茅庐"的知遇之恩，出山辅佐，按照《隆中对》的既定方针，西定巴蜀，使魏、蜀、吴三国鼎足而立。后来，他为蜀国定策，联合东吴，北伐中原，对抗曹操，准备统一天下，无奈天时、地利、人和不在巴蜀，司马氏统一了天下，建立晋朝。在诸葛亮死后不久，王祥也由魏入晋，官拜太保。这里所说的"跃鲤"，则是指王祥"卧冰求鲤"孝敬后母的故事。明代另一位诗人周京在《卧冰河》一诗中，也有"跃鲤河边树色苍"的佳句，使人浮想联翩。如今王祥、王览所居的孝友村为当地的旅游胜地，春夏时节，鸟语花香，杨柳依依，荷叶翩翩，荷花映红，鱼儿游弋，风光旖旎。

二、以孝出仕，立身庙堂

东汉末年，军阀混战，社会动荡不安，经学逐渐解体，儒家思想一统天下的局面不复存在，儒家传统受到较大的冲击。在这样的时代，王祥能够谨守儒家的重要传统，比如孝行，这是他在当时能正身立于庙堂的根本。

魏文帝曹丕称帝后，儒法并举，提倡礼法德行，开始采取一系列措施鼓励恢复儒学传统。魏文帝即位的第一年，即黄初元年（220年），下令恢复太学，建立专门机构传播儒家经典，鼓励对经学典籍进行收集和整理。黄初二年（221年）正月，朝廷下令恢复察廉举孝制度，人口十万以上的郡国每年察举孝廉一人，如有特别优秀的人才，可以不受人口限制。后来，魏文帝又下诏将儒家的代表人物孔子奉为万世师表，重修孔庙。黄初三年（222年），魏文帝又颁布《取士勿限年诏》，明确指出，各郡国选拔人才可以打破年龄界限，无论老幼，只要“儒通经术，吏达文法”，皆可试用。已经五十多岁的王祥，能够受到徐州刺史吕虔的征辟而出仕，应该与这一政策有很大关系。魏明帝曹叡继承文帝的政策，把儒学提到王教之本、宣明圣道之途的高度。这些举措，使儒家正统文化出现一些复兴的迹象。

王祥的父亲王融“辟公府不就”，一直在家守业，有充裕的时间教导儿子王祥和王览。王祥的前半生一直在为逃避战乱而隐居，但这不是消极避世，而是“穷则独善其身”的积极行为。魏晋时期，社会动荡，政治黑暗，人们朝不保夕，精神痛苦迷茫。一些士人对黑暗的社会现实彻底绝望，或隐逸山林、寄情山水，或装疯卖傻、远祸全身。但王祥并不像他们那样自暴自弃、放浪形骸、荒诞不经，而是保持积极的入世态度，小心谨慎地遵守儒家思想，努力修身养德，磨炼节操与德行，不断树立好名声，等待机会。王祥出仕前后的行为充分体现了儒家经世致用、积极进取的入世精神。

俗话说，机会总是青睐有准备的人，王祥通过三十多年的修身养性，积累了较高的社会声誉，当曹魏政权所实施的一些举措有利于仕宦家族政治发展的时候，王祥抓住有利时机，开始积极出仕。在五十多岁时，王祥应徐州刺史吕虔的征召，担任别驾之职。

征辟是汉代选举用人制度的一种方式，公卿大臣与地方郡守等官员用人称为“辟除”，又可以分为公府辟除和州郡辟除。吕虔征召王祥应属于州郡辟除。东汉后期，州郡刺史为地方最高一级的行政长官，刺史辟除属吏已成为一种风气。如周景为豫州刺史，辟少有大志的陈蕃为别驾从事；吕虔为徐州刺史，辟孝子王祥为别驾从事。别驾虽然是一个六品的职位，但职权很重，负责州内政务，因此时称“其任居刺史之半”。

吕虔，字子恪，东汉任城（今山东微山县）人，是曹魏时期的名臣，在当时非常有威望。他文武兼备，多次领兵讨伐贼寇，造福一方百姓。他出身于豪门世家，少年起开始习武，熟读兵策，有胆识，善谋略，知名于时。家养兵勇众多，成为地方一大势力。

东汉初平三年（192年），曹操在担任代理兖州牧时，听说吕虔有勇有谋，便任命他为从事，让他带领自己的家丁镇守徐州大门——湖陆（今微山程子庙东），他在这个岗位上尽职尽责。后来，襄陵校尉杜松治军不严，部下炅母等人作乱，与泰山地区的豪霸昌豨勾结，曹操命吕虔接替杜松。吕虔到任后，招诱炅母和他手下将领及党羽数十人，赐他们酒饭，暗中派壮士埋伏在两侧。在炅母等人都喝醉后，吕虔便命令伏兵把他们全部杀死，并安抚炅母的部下，兵不血刃平息了此次叛乱，由此得到了曹操的信任与器重，随即晋升为泰山郡守。

当时，泰山郡中袁绍的残余势力躲入山中占山为王，肆意滋扰乡民，当地百姓深受其害，苦不堪言，大多躲藏起来或四处流窜。吕虔到任后，为了使地方尽快恢复安定，他一面组织百姓安乡保镇，一面深入山中招抚袁绍旧部。由于吕虔在任期间施政以宽，且又信守承诺，这些袁绍残余势力很快悉数臣服，躲藏在山里的百姓也陆续返回乡里，泰山郡逐渐恢复了平静。在吕虔的精心治理下，泰山郡的军务及政务都在各州郡中名列榜首。

吕虔又从百姓中挑选精壮乡民补充至军队中，组建了一支精锐军队——泰山兵。这支军队后来被调往前线，参加了关中之战及淮南之战，是曹军中赫赫有名的常胜之师。此后，吕虔又多次领兵讨伐贼寇，充分展现了其军事才华，使更多地方的百姓获得安宁。后来，曹操通令嘉奖吕虔，又推举吕虔为茂才，加骑都尉衔，继续管辖泰山郡。吕虔治理泰山郡前后十几年，恩威并施、政绩显著，备受当地吏民赞颂。黄初元年（220年），魏文帝曹丕即魏王位，加吕虔裨将军衔，封益寿亭侯。后又升任徐州刺史，加威虏将军衔。黄初七年（226年），魏明帝曹叡即位，改封吕虔为万年亭侯，不久，吕虔病逝于任上。

王祥能够获得吕虔的赏识，也是因其有过人之才。吕虔知人善任，在征召王祥为别驾之后，就把州郡的政事与民事都委托给他，自己则统领大局、主管军务。王祥不负重托，做得非常出色。王祥一出仕，就身手不凡，充分展露出自己的政治才能和军事才能，家族政治传统在他身上得到了很好的延续。

王祥出任吕虔别驾的时间应在曹丕建魏（220年）之后，明帝即位（226年）之前。黄初六年（225年），青、徐地区的豪霸势力不甘心军权被剥夺，发动了震惊朝野的“利城兵变”，声势、规模巨大，形势危急。曹丕先是派出宿卫兵和青、徐二州的兵马合力平叛，后来又亲自到青、徐地区处理平叛事宜。徐州刺史吕虔和别驾王祥都在这次平叛中立下了功劳。王祥凭借宗族乡党势力，“以州之股肱，纠合义众”，大家勠力同心，击破叛军，保境安民。随后，王祥又提倡移风易俗，以仁德去感化一方百姓。从此以后，徐州境内清静无事，政令教化推行无阻，当时流传着“海沂之康，实赖王祥；邦国不空，别驾之功”的歌谣。

吕虔主要是利用琅琊大族王氏的家族势力和社会影响，来对抗青、徐地区的豪霸势力；王祥则利用这次军事活动，显示出非凡的政治才能和军事才能，不仅为徐州地区的安定和发展作出了贡献，而且提高了琅琊王氏家族的声望和社会影响，也为他日后官位的不断升迁奠定了坚实的政治基础。从此以后，王祥在仕途上开始步入平步青云的发展阶段。史书中说他“举秀才，除温令，累迁大司农。高贵乡公即位，与定策功，封关内侯，拜光禄勋，转司隶校尉……迁太常，封万岁亭侯……拜司空，转太尉，加侍中。五等建，封睢陵侯，邑一千六百户……拜太保，晋爵为公，加置七官之职”。王祥以年过五旬的高龄出仕做官，由温县令到司空、太尉、太保，达到“九品中正制”的最高品位，位列三公，使琅琊王氏一步步进入高门士族之列。

三、以孝治县，教化黎民

江苏睢宁县城南余庄东头，原有一座土坟，坟前立石碣一块，上刻“王祥履墓”四字。传说王祥任睢宁（汉时称睢陵县）县令期间，为官清正廉明，对县内的不孝之徒他深恶痛绝，在审理不孝甚至虐待父母的案件时，他更是明察秋毫，严惩不贷。县衙大堂两边悬挂着他亲笔书写的一副对联，上句是“万物亲为本”，下句是“百行孝当先”，大堂门额的横批是“治县以孝”，以此教育属下及黎民百姓。

据说，城内双井栏这个地方有一泼妇，她长期虐待婆婆，轻则不给饭吃，重则打骂。有一次，婆婆被泼妇殴打后，实在不想继续忍受这种痛苦的折磨，就趁着黑夜逃跑了。泼妇将婆婆找回后，把她锁在屋里，扒光衣服，用枝条狠狠抽打，直打到她满身鲜血淋淋跪地求饶，方才罢休。婆婆不堪忍受责打和羞辱，于是撞墙而死。后来，好心的邻居把泼妇责打婆婆的情况告知其娘家的侄子，侄子来到泼妇家接姑姑回家，泼妇却故意装作不知情的样子，说婆婆不在家，不知到哪里去了。在邻居的指点和帮助下，侄子撬开姑姑的房门，吃惊地看到姑姑的尸体已经腐烂，面目不清。侄子满含悲愤之情将泼妇告到县衙。

王祥阅罢状纸，气得浑身发抖，感叹世间竟有如此大逆不道、丧尽天良之人，并亲自到双井栏一带察访。听到百姓众口一词地向他诉说泼妇长期虐待婆婆的实情后，他立即回衙，派捕快将泼妇缉拿归案，严刑讯问。经三审六问，泼妇据实一一招供后，立即被下到死囚房。接到上级同意立即问斩的批文后，王祥便令刽子手将泼妇处死并暴尸三日，教育全县百姓，围观的群众受到极大触动。三日后，王祥命人在县衙门前为无辜被害的婆婆设下灵堂，亲自率领县衙的官吏哭奠。

后来，数百名不堪忍受儿女、儿媳虐待的老人纷纷来到县衙击鼓鸣冤。王祥一一接见，认真听他们诉说苦情，并让书吏分别记下姓名、住址。然后，王祥令三班捕快将这些老人的不孝儿女限期拿获，视情节轻重给以相应的惩处，其中当堂杖责一百多人，关押八十六人，待秋后问斩者十一人。全县的人都深受震动，六百多个自认为平时对父母、公婆有虐待行为的人来到县衙，跪在大堂前向王祥认罪，请求接受惩罚。王祥对他们逐一进行批评教育，嘱咐他们今后一定要恪守孝道，并与他们约法三章。

在严惩不孝之子的同时，王祥还对孝子、孝妇进行表彰。他让各村的里正推荐当地孝顺父母公婆的典型人物，对以孝贤闻名乡里的三十八人，根据其事迹分别进行表彰。河北乡刘氏女对待婆婆像对待自己的亲生母亲一样，虽然刘氏女已经亡故多年，但为了旌表这种孝行，王祥仍令人在她的坟前建了一座节孝坊。从此以后，敬亲、爱亲、孝亲在睢宁县境内蔚然成风，睢宁也因此被称为孝亲之乡。

王祥还带领当地百姓兴修水利，在睢宁开河引流，治理旱涝灾害。遇上灾荒之年，他如实上报灾情，积极为民请命，以求减免百姓的赋税，因而深得人心。一次，王祥在大街上看到一位卖妻子的人，赶忙上前去询问原因，那人无奈地回答道："小民家贫，难以养家糊口。"王祥当即解囊相助。当这对夫妻泣不成声跪谢时，王祥却痛苦地摆摆手，挥泪自责道："是下官无能，让百姓们受苦了！"

五年后，王祥离任赴京任职，睢宁父老长亭送别，从县城门到长亭路两旁摆满香案，哭声震天动地。王祥挥泪道："父老们的情意下官心领了，无奈上命难违。不劳远送，后会有期。下官在睢宁为官数年，却身无长物，只好将这双靴子留给乡亲们以作纪念。"说罢，他从脚上脱下两只青布靴递与三老，然后赤脚登轿而去。

王祥走后，百姓自动捐银五百两，由三老及地方官吏主持在城南玉皇阁前动工兴建王公庙，以便四时祭享。得知这一消息，王祥立即从京城派专人捎来一封书信说："睢宁地瘠民贫，下官未解百姓于倒悬，非但无功，且有过焉，若再兴建庙宇，下官无地自容矣！敢违我意者，下官将责令地方严办！"建庙的计划只好停下了。后来，王祥病逝的消息传到睢宁，全城民众失声痛哭，纷纷捐献钱粮。三老和地方小吏将王祥遗留的那双靴子埋于城东南二里许（今县城东南徐沙河北余庄东），筑冢刻碑，周围种植松柏永作纪念。墓前有碑文曰"王祥履墓"。

明清时期，"王祥履墓"被多次重修。明穆宗隆庆年间，巡按御使王友贤为墓立碑，后为黄河淤没。清康熙初年睢宁县教谕孙大经、县尉缪振稷复立新碑。康熙十二年（1673年），睢宁知县石之玖清明节凭吊"王祥履墓"后作诗一首："百里棠阴涕泪中，元公赤男古人同。鲤鱼山下冰犹暖，仙掌台前土尚红。未是西归还只履，但如升去堕鸟弓。真卿葬日唯空棕，那得云缣贮夜宫。"康熙三十六年（1697年），睢宁教谕李业瑞又立王祥祠于城隍西。康熙五十三年（1714年），广西桂林人刘如晏来任睢宁知县时，"王祥履墓"原址已有碑而无墓，他"爰以节衣缩食之余，买砖建墓"，将墓前荒地开垦成五十亩熟地，充作祠堂祭田，命人看守，所得收入，除供祀春秋两祭外，还用于修祠修墓，以确保这座已存世一千多年的睢宁"王祥履墓"传之久远，让王祥之"孝"永留睢宁，代代相传。

在东汉末年曹魏时期，琅琊王氏家族的威望并不是很高，魏晋之际，王祥、王览等以孝悌闻名，在仕途上青云直上，位居名臣之列，其子皆入仕为官，琅琊王氏的政治地位和社会地位开始确立，这也为王氏崛起奠定了基础。西晋时期，王戎、王衍相继位至三公，名士重臣集于一族，声名显赫，琅琊王氏家族步入真正的门阀士族之列。在东晋一朝，王氏子弟始终享有盛誉，忠孝仁义，知礼重法，这都得益于琅琊王氏重孝悌的家风。琅琊王氏的孝悌之举，都是在自觉或不自觉地履行儒家规范，非常符合西晋时期“以孝治国”的理念。正因为如此，王祥、王览凭借“孝悌”之义誉满乡里，并且身居高位，“孝悌”成为琅琊王氏世代传承的精神。

一、王览争鸩，患难与共

王览比王祥小二十一岁，从小目睹母亲的不慈行为，常常护着兄长，最感人的是兄弟二人争抢鸩酒，体现了真挚的兄弟之情。《晋书》卷三十三《王祥传》附载王览的事迹说：

> 览字玄通。母朱，遇祥无道。览年数岁，见祥被楚挞，辄涕泣抱持。至于成童，每谏其母，其母少止凶虐。朱屡以非理使祥，览辄与祥俱。又虐使祥妻，览妻亦趋而共之。朱患之，乃止。祥丧父之后，渐有时誉。

朱深疾之，密使鸩祥。览知之，径起取酒。祥疑其有毒，争而不与。朱遽夺反之。自后朱赐祥馔，览辄先尝。朱惧览致毙，遂止。览孝友恭恪，名亚于祥。

其他记载与此类似：

晋王览，母挞其异母兄祥，览辄流涕抱持。母虐使祥及祥妻，览与妻亦趋共之。祥渐有时誉，母疾之，乃鸩祥。览知，取酒争饮，母遽覆酒，遂感悟。

由上可知，王览和王祥虽然是一对同父异母兄弟，但兄弟之间的感情很深。王览很爱护哥哥，少时即以友爱兄弟为人所知。其母朱氏虐待兄长王祥，他看到后总是哭泣着抱住母亲不放。王览年纪稍大后，在母亲虐待哥哥时，他常常挺身而出，劝谏母亲，替哥哥求情，甚至甘愿与哥哥一起承受母亲的责罚，让母亲无可奈何。朱氏常命王祥夫妇服苦役，王览夫妇便和兄嫂共同劳作。尽管王祥一直受到继母的虐待，但他并没有怀恨在心，反而对继母更加孝顺。

经过“卧冰求鲤”“风雨守柰”“黄雀入幕”等事情后，王祥的孝行被人们广为传颂，他的名声越来越好。继母对此非常嫉恨，想用毒酒置他于死地。王览知道母亲这个阴谋后，抢在哥哥之前端起那杯毒酒。王祥也感觉那杯酒不对劲儿，担心弟弟喝下去，伸手去抢酒杯，但王览死死地攥着酒杯不肯给他。母亲怕亲生儿子喝下毒酒，慌忙夺过酒杯，把酒倒在地上。这件事之后，王览担心母亲会想其他花招儿对哥哥下毒手，每次端给哥哥的饭菜他都要先尝一下，确认无毒后才让哥哥食用。母亲担心毒死亲生儿子，再也不敢偷偷下毒了。最终，母亲也被王览兄弟的深情厚谊所感动，她惭愧万分，反思了自己的所作所为。

在魏晋人的道德观念中，维护家族内部的和睦团结，本身也是一种孝的表现，而并不像后世所理解的那样，认为孝仅限于对双亲的孝顺或遵从。正因为如此，王览与兄长相亲相爱，患难与共。明世宗朱厚熜有感于王祥、王览兄弟之间的深情，于嘉靖十三年（1534年）南巡山东临沂时，钦赐匾额“孝友格天”，并改琅琊临沂都乡南仁里（今山东省临沂市兰山区白沙埠镇）为孝友村。所谓“孝友格天”，顾名思义，就是二人将以“孝敬父母”和“友爱兄弟”为代表的家庭伦理道德准则表现得感天动地，启示后人。“孝友格天”的匾额，一直悬挂在琅琊临沂都乡南仁里孝友村王氏祠堂的正堂门前里。明嘉靖十三年以后，琅琊王氏家族中每一代都有三位享受五品官待遇的博士，作为奉祀生，享有国祭的权利，每年春秋两次和地方官员一起共同祭祀孝圣王祥、友圣王览、书圣王羲之。清高宗乾隆十六年（1751年）南巡时，路过临沂，为王祥、王览兄弟二人的孝友之情所感动，将王祥、王览兄弟与诸葛亮、颜杲卿、颜真卿并庙，名曰“五贤祠”（又名“景贤祠”），并且立有御碑，碑文为乾隆皇帝手书：“孝能竭力王祥览，忠以捐躯颜杲真。所遇由来殊出处，端推诸葛是全人。”

二、显亲扬名，互相成就

王祥、王览兄弟是封建社会践行儒家孝悌思想的杰出代表，兄弟二人可谓患难与共，互相成就。从小到大，王览对哥哥王祥都极为敬爱，王祥对弟弟王览也是爱护有加。兄友弟恭，远近闻名，时人把他们的居所称作“孝悌里”。王祥、王览兄弟二人，一个以孝著称，一个以悌扬名，王氏家族因此成为孝友之家。这便是琅琊临沂王氏家族自晋代就称“孝感王”的缘故。

王览幼年时，便和母亲朱氏一起随哥哥王祥到庐江避乱，并在该地隐居三十多年。徐州刺史吕虔征召王祥，王祥不愿出仕。因为父亲不在了，作为家中的长子，他要担负起奉养母亲、抚养幼弟的重任。母亲去世后，王览力劝王祥应命出仕，并为他准备好牛车，送他上任。在王览看来，虽然有哥哥在家支撑门户，自己的生活可以轻松一些，但自己已经长大，应该肩负起家庭的责任了。哥哥德才兼备，又有好名声，有做官的机会，应该出仕为官，哥哥为这个家付出太多了，不能因为自己再耽误哥哥的前程。哥哥出仕为官，既可以为更多百姓造福，也可以显亲扬名，为家族赢得更大荣誉。

由于王祥德行出众，政绩突出，王览也受益良多。在王祥出仕为官不久，王览也应琅琊郡征召出仕做官，很快就升迁为司徒西曹掾，后又任清河（治所当在今山东省临清市内）太守。随着王祥的平步青云，王览也不断加官晋爵。咸熙元年（264年）三月，司马昭晋升为晋王，成为实际的掌权者，他重新恢复五等爵，封王览为即丘子，食邑六百户。西晋泰始末年，王览任弘训少府，为皇室管理私财和生活事务，可见皇帝对他的信任。咸宁初年，王览因“少笃至行，服仁履义，贞素之操，长而弥固”，被任命为宗正卿。宗正卿多为皇帝亲信之人，往往由孝友忠厚耿介者担任，秩二千石。不久，王览以病辞官，以太中大夫身份致仕，皇帝赏赐他二十万钱以及床帐荐褥等物品，还派殿中医生为他治病送药。后来，王览又升为光禄大夫，并特许在其府邸门前设行马，以显示尊崇。

王祥、王览兄弟的好德行不仅给他们带来了好名声，也为他们带来了好前途。尽管兄弟二人的故事有后人美化的成分，但他们的好品德是可信的。他们的品德也影响了后世子孙，使王氏家族成为一个门风严谨的世家。王祥、王览兄弟，一个以孝著称，一个以友显名。人们不但景仰王祥的至孝贤德，同样也十分景仰王览的友悌德行。为了纪念他们兄弟的孝友精神，教化天下，南朝梁天监四年（505年），在琅琊临沂都乡南仁里建了一座祠堂，名曰“孝友祠”，此后历朝历代都十分重视，或重建或扩建，明清时期重修。据记载，民国以前，每逢农历三月三、九月九，当地的官员都会到孝友村孝友祠内祭拜，诵读皇帝留下的祭文，向王祥、王览敬献祭品。

如今王祥、王览的故里山东临沂孝友村民风淳朴，村里人都特别孝顺。逢年过节，村民都会到祠堂去拜祭。清明前后，很多外姓人也来祭祀王祥、王览，有的甚至带着孩子来接受教育。厚重的孝道文化与孝友村融为一体，孝行、友爱影响着一代代人。自2012年以来，孝友村所在的白沙埠镇立足孝悌文化传统资源优势，在全镇实施以“弘扬传统文化，传播现代文明”的“四德工程”建设，传承孝友风尚，培树“四德”典范。全镇每年开展“孝老爱亲道德模范”“十大孝星”“十佳和谐家庭”“十佳好媳妇”“十佳好婆婆”等评选活动，使孝友风尚遍地生根、开花结果。

三、宝刀赠弟，公辅之量

琅琊王氏一直流传有一个关于宝刀的不老传说，这把象征着权力与富贵的宝刀代代相传，成为琅琊王氏家族兴旺发达的标志与吉祥物。因此，琅琊临沂王氏宗族的堂号又有“宝刀堂”之称，琅琊王氏也被称为“宝刀家族”。宝刀一代传一代，权势一代传一代，而琅琊王氏家族的家风与精神也一代传一代。

关于这把宝刀的来历，相关史书和王氏族谱中均有记载。《晋书》卷三十三《王祥传》附载王览的事迹说：

> 初，吕虔有佩刀，工相之，以为必登三公，可服此刀。虔谓祥曰：“苟非其人，刀或为害。卿有公辅之量，故以相与。”祥固辞，强之乃受。祥临薨，以刀授览，曰：“汝后必兴，足称此刀。”览后奕世多贤才，兴于江左矣。

临沂孝友村《琅琊王氏宗谱》中的记载与此类似。何法盛《晋中兴书》卷七《琅琊王录》记载更为详细：

初，魏徐州刺史任城吕虔有佩刀，工相之，以为必三公可服此刀。虔谓别驾王祥曰："苟非其人，刀或为害。卿有公辅之量，故以相与。"祥始辞之，虔固强与，乃受之。祥为司空。及祥死之日，以刀授其弟览，曰："吾儿凡，汝后必兴，足称此刀，故以相与。"览后奕世贤，兴于江东。

在古代，刀具有丰富的文化内涵。它不仅在战场上名声显赫，而且在官场上地位尊贵。汉代，上自天子、下至百官，均有佩刀的习俗。佩刀不同的种类、形制和装饰，体现着不同的身份等级。两汉三国时，诸国君臣莫不看重佩刀，有的不惜花费重金延请名师，耗用几年甚至十几年时间炼制宝刀。著名刀匠阮师，所制的阮家刀堪称稀世宝刀，百金难求。蜀国丞相诸葛亮曾命名匠蒲元在汉中斜谷秘密锻造宝刀三千口，这些刀锋利无比，削铁如泥，被称为"神刀"。曹操曾让人锻造五把百辟宝刀，刀身分别镌刻龙、虎、熊、马、雀形状的花纹图案作为区分，曹植专门为之作《宝刀赋》。曹操自己留用两把，其余三把分别赠给儿子曹丕、曹植和曹林。

随着佩刀习俗的盛行，汉代出现了以刀作为礼物赏赐或馈赠他人的现象。汉代皇帝、侯王常把佩刀作为贵重之物赏赐给功臣、宠臣或嘉宾。当时的文武百官都极为推崇宝刀，甚至视好马、快刀为至宝。能够将自己珍藏的宝刀赠人，肯定是别有深意的。宝刀已不仅仅是一种武器，更是一种信任与权力的象征。《南史·陈世祖传》："为临川王，梦梁武帝以宝刀授己。"吕虔大公无私，慧眼识人，他不把这把宝刀传给自己的子孙，而是将这把具有特殊意义的宝刀赠送给王祥，这是经过认真考虑的重大举措。这是对王祥德行与才能的巨大信任和高度肯定，同时也寄托着吕虔对王祥更高的要求和期许，希望他能位居高位更好地造福百姓。

受赠此刀后，王祥时刻以此激励自己，以不负对自己有知遇之恩的吕虔的重托。他经过深思熟虑，认为自己的子孙都是庸碌之辈，不配拥有此刀，弟弟王览的子孙才能出众，可担大任。于是，他在临死前，将宝刀赠予弟弟王览，而不是留给自己的子孙。这一决定充分说明王祥为人做事有“公辅之量”。为了整个家族的兴旺发达，他能够顾全大局，不计较个人利益，将宝刀赠送给了能更好发展家族事业的王览一支，最终使宝刀在琅琊临沂王氏宗族中代代相传。

魏晋士族都十分重视家族人才的培养，尤其是宗族领袖人物的选择。人才对于一个家族的鼎盛及地位的维系起着重要作用，如果家族中没有人在朝廷中担任要职，其门户的强势地位就无法维持，必然被其他门户所取代。正因为家族人才的政治地位直接影响甚至决定着整个家族的命运，所以世家大族在选择门户继承人时，是以家族利益为重，而不只是局限于单个家庭。王祥临终前将宝刀赠予弟弟王览，也正是出于这种考虑。

王祥五个儿子中，王夏、王烈、王芬三子早亡，王肇、王馥官至太守。王肇之子王俊，官至太子舍人，封永世侯。王俊之子王遐，官至郁林太守。王览有六个儿子，分别是王裁、王基、王会、王正、王彦、王琛。他们主要依靠祖荫获得一官半职，大多官至太守、御史、尚书郎、州郡刺史等，既无显位也无高名，史书中没有为其立传。但从王览的儿子能够出任较高的文职（如王基任治书御史、王琛任国子祭酒），王正曾与夏侯湛的妹妹结为婚姻来看，他们也得到当世的较高认可，为家族的繁荣奠定了基础。

历史的发展不负吕虔、王祥所望，三代之后，王览之孙王导辅佐晋元帝司马睿成就了东晋帝业，使司马睿成为“中兴之主”。王导成为佐命功臣，先为骠骑将军，赠司徒，位至丞相，验证了王祥“汝后必兴，足称此刀”的预言，使琅琊临沂王氏家族在王览之后“奕世贤，兴于江东”。据族人传说，此刀一直在琅琊王氏家族代代相传，到了明清时代，基本每一代都有一个世代相传的秀才执掌此刀，这个秀才多为族长，俗称“铁头秀才”，如今，此刀已不知去向。

四、兄弟怡怡，宗族欣欣

钱穆先生在《略论魏晋南北朝学术文化与当时门第之关系》中曾说，一个大门第“能保泰持盈达于数百年之久”，就在于“闺门雍睦，子弟循谨”。而王祥同样认识到了宗族和睦对于一个世家大族的重要性，临终之际提出：“兄弟怡怡，宗族欣欣，悌之至也。”

王祥、王览兄弟之间的友悌在琅琊王氏中广为流传，成为其家风的重要组成部分，不断影响、感化着家族子弟。不仅王祥提出了关于兄弟友爱的家训，王雄的曾孙王微在《与从弟僧绰书》中也告诫弟弟“不得家中相欺也”。在琅琊王氏家族同样存在着许多兄弟友悌的故事，其中王徽之与王献之之间的兄弟情最为感人。

王徽之与王献之都是书圣王羲之的儿子，都十分有才华，可是无论是气质、才华、书法造诣，还是官职、地位，弟弟王献之都比哥哥略胜一筹。但是，王徽之、王献之兄弟为人心胸坦荡，从不在意这些外人的评价，兄弟俩的感情就如陈年的美酒，愈久愈醇。王徽之五十岁那年，王献之四十三岁，两人都得了重病，病得奄奄一息。当时天师道流传着这样一种说法：一个人在快要死亡的时候，只要有人愿意自折阳寿给他，那么快死的人就能转危为安，逐渐康复。信奉天师道的王徽之让人请来了一位术士，他在病床上挣扎着直起身，用极其虚弱的声音艰难地对那位术士说：“我的才能、官职都不如我弟弟王献之，今天请大师来，是想用我的阳寿为弟弟续命。”术士深深地叹了口气，为难地说：“在下无能为力！能够替他人续命的人，自己得先有未尽的阳寿啊。你自己已经大限将至，拿什么替你弟弟续命呢？”王徽之听后，悲怆地发出一声诘问：“苍天啊，为什么这样无情呢？”便昏迷过去。

几天之后，王徽之从昏迷中醒来，他对身边侍候的人说：“为什么没有听到子敬的一点音讯？看来他已经去世了！”他不顾家人的极力反对，拖着奄奄一息的病体，赶去为王献之奔丧。在灵堂上，王徽之没有落泪，他坐在停放弟弟尸体的灵床上，拿起弟弟生前最喜欢的琴，对着“永远睡着了”的弟弟弹了很久很久。王徽之弹的都是两人小时候最喜欢的曲子。可面对如今这番物是人非、阴阳相隔的情景，王徽之心中无限悲伤，一片惘然，怎么也找不准曲子的音调。最后，王徽之把琴重重地摔在地上，悲怆地感叹道：“子敬啊子敬，你的琴也与你一同仙去了。”他再也抑制不住内心的悲痛，当场晕倒在弟弟的灵床上。经过这一沉重的打击，王徽之的病情恶化，一病不起，一个月后也随王献之一同仙去了。

王徽之坐在弟弟灵床上，为弟弟抚琴，这是兄弟俩最亲、最纯、最深的情感表达。王徽之表面上狂狷不羁、放纵任性，但在玩世不恭、惊世骇俗的背后，是对友情、亲情乃至世间所有美好事物的无限深情。冯友兰先生说真风流的人必有深情，王徽之本人即是名士风流的最好注解。

王僧虔在兄长王僧绰被奸臣害死之后，精心抚育侄子王俭长大成人。王俭幼年非常喜欢看书，几乎手不释卷。大家纷纷夸赞他，王僧虔却有些担忧地说：“我不患此儿无名，正恐名太盛耳。”这也是王僧虔从英年早逝的兄长身上汲取的深刻教训。因此，他专门摹写汉代著名书法家崔瑗的《座右铭》送给王俭，提醒侄子要时时刻刻注意砥砺品格、谨言慎行、宠辱不惊。他经常教育儿子和侄儿说，君子应该担忧自己有没有良好的品德，而不是担忧自己受不受君王的宠幸。王僧虔携带子侄等家眷一起赴任武陵太守，侄子王俭在途中生病了，王僧虔心急如焚，为此不吃不睡。行路的客人一再安慰开导他，王僧虔说：“东汉时的马援对待儿子和侄子一样爱护，管教严格，没有分别。邓攸带着儿子和侄子一起逃难，中途遇难，不能两全。他最终弃子救侄而去，对待弟弟的儿子更胜过自己亲生的儿子。我也怀着与他们同样的心情，不敢和古人有所差别。王俭是我亡故的兄长的后代，绝对不能忽视。如果这孩子救不回来，我就要调转船头回去，辞去职务。”

王微与弟弟王僧谦志趣相投，朝夕共处，感情深厚。王僧谦患病时，王微亲自为他诊治，可是王僧谦因服药过量而死亡。王微认为僧谦的死是由于自己医治不当，因此非常内疚痛苦，发誓生病时再也不自己治疗了。他无法抑制自己对弟弟的哀痛与思念，字字含情、句句含悲地写下了哀婉动人的《以书告弟僧谦灵》。他在此文中以至情之言描述了弟弟生前与自己深切诚挚的感情，其中回忆兄弟二人朝夕相伴、相亲相知的往事云：“寻念平生，裁十年中耳。然非公事，无不相对，一字之书，必共咏读；一句之文，无不研赏，浊酒忘愁，图籍相慰，吾所以穷而不忧，实赖此耳。”“吾穷疾之人，平生意志，弟实知之。端坐向窗，有何慰适，正赖弟耳。”描绘弟弟的谦谦君子形象云：“弟为志，奉亲孝，事兄顺，虽僮仆无所叱咄，可谓君子不失色于人，不失口于人。冲和淹通，内有皂白，举动尺寸，吾每咨之。”王僧谦死后四十天，王微也在哀痛自责中去世，年仅三十九岁。

据《陈书》记载，南朝陈司空王冲之子王玚性情宽和沉稳，有才识和度量，风度仪态优美，举止从容。王玚家中兄弟三十余人，大家相处和睦。逢年过节时，王玚收到礼物都会和兄弟们分享。他经常谆谆教导弟弟们，大家都谨听其教诲。

上面列举这些都是王氏家族中“兄弟怡怡，宗族欣欣，悌之至也”的践行者。这种“悌”的家风感化在琅琊王氏家族中代代相传，延绵不绝，生生不息。

王祥以其圆熟的政治谋略在魏晋易代之际盛宠不衰，成为琅琊王氏家族在魏晋时期崛起的重要功臣。王祥之后，王氏家族作为琅琊郡望，历经魏晋南北朝等不同朝代，时间长达数百年之久，成为中古时期“中国官僚第一大家族”，在不同时期均曾出现过对朝廷政治以及世风人伦产生过重要影响的人物。受家族悠久的仕宦历史及道德伦常传统的影响，王祥拥有高尚的道德品格及老成持重的处世风格，为其仕途的顺利发展打下了良好的基础。但是，在当时风云变幻的朝局中，要想独善其身，且有利于家族的兴盛和发展，仅靠这些是不够的。“与时推迁”的处世策略，小心谨慎、深谋远虑的为官之道，成为王祥登上权力巅峰的重要原因。

一、与时推迁，见机行事

王祥在曹魏末年入仕，正值曹氏与司马氏之争的关键时刻。他处在曹魏王室与司马氏家族权力争夺的复杂政治环境中，稍有不慎，就会有杀身之祸，甚至有灭门之灾。在这样的时代背景下，王祥无法像祖上王吉等人那样，坚定不移地履行儒家的忠君思想。深谙为官之道的王祥只能奉行“与时推迁”的处世哲学，根据具体的情势，见机行事，不断调整自己的立场与行为，以保全自身与整个家族。

“与时推迁”是一种积极入世、建立功业、不落窠臼、不尽愚忠的处世哲学。对于王祥来说，“与时推迁”的思想有一定的家族渊源，琅琊王氏在思想文化上具有很大的包容性和灵活性。据记载，王吉治学讲究经世致用，善于从儒家思想中汲取有益于经国济民的部分。他在研习《春秋公羊传》时，就重在领会其“六合同风，九州共贯”的大一统思想。在这一思想的指导下，王祥虽依旧秉承家族传统，严守肃整门风，信奉儒家思想，却并没机械地继承，而是根据政治环境的变化进行了相应的调整。

作为曹魏的老臣，他需要显示自己正直，忠于曹魏王室；面对虎视眈眈的司马氏，他为了自保又不敢得罪。因此，在魏晋易代之际，他在行动上处处以长者自居，小心谨慎，显得圆滑而世故；在思想意识上迎合司马氏“以孝治天下”的政治要求，舍“忠君”而取“孝悌”，不动声色地站在了司马氏集团的立场上。

高平陵事件后，曹魏的势力基本被剪除，司马氏虽然成为实际的掌权者，但地方上反对司马氏专政的声音仍然很强大，以致接连发生三次兵变，史称“淮南三叛”。255年，毌丘俭与前曹爽门客、扬州刺史文钦举兵于寿春，大将军司马师率军讨伐，这是司马氏以“大魏”的名义铲除异己的行动，最后文钦战败，毌丘俭投降，司马师也在讨伐归途中病逝。史载，王祥“从讨毌丘俭，增邑四百户，迁太常，封万岁亭侯”。由此可见，王祥与司马家族有着较为密切的政治关系，他不但参与了司马师出兵平叛的军事行动，而且建立了功勋，因而被增邑封侯。据说，王祥做温县县令，就是因为司马昭的父亲司马懿听说王祥的美名后推荐他到老家担任父母官的。可见，王祥与司马家族一直有着良好的关系。

司马师废掉曹芳后，将高贵乡公曹髦立为新君。曹髦即位后，王祥因为参与拥立天子有功，“封关内侯，拜光禄勋，转司隶校尉”。不久，王祥又拜司空，转太尉，加侍中，从此步入政治权力的中心。由此也可以看出，王祥是站在司马氏集团立场上的，并参与了司马师废立魏帝的过程。司马师死后，司马昭继续把持朝政。

曹髦对司马氏兄弟的专横跋扈十分不满，他深知自己如果不有所作为，定然会在不久之后成为下一个汉献帝。曹髦不甘心受制于司马氏，图谋组织力量，消灭司马氏集团，夺回朝政。他秘密召见心腹侍中王沈、尚书王经、散骑常侍王业等人说："司马昭之心，路人所知也。吾不能坐受废辱，今日当与卿等自出讨之。"尚书王经深知司马氏集团大权在握，羽翼丰满，曹髦根本不是对手，就尽力阻劝道："司马昭掌权已经很久了，朝廷内部和四方之臣都愿意为他效命。宫中宿卫空缺，兵力十分弱小，陛下凭借什么取胜呢？这样恐怕祸患难以预测，还望陛下三思。"曹髦不耐烦地说："不要再说了，朕意已决！"王沈、王经、王业等人都知道此举无异于以卵击石，曹魏政权徒具虚名，司马氏取得政权乃大势所趋。王沈、王业想叫王经一起去向司马昭告密，但王经义不卖主，坚决不去。因为王沈、王业的通风报信，曹髦刺杀司马昭的计划没有成功，情急之下反而被司马昭的亲信贾充指使太子舍人成济弑杀。

王经是魏晋时期为数不多的忠臣，但这样的忠义之臣却被安上"教唆圣上""离间君臣"等罪名，全家被诛杀。临行前，王经向母亲谢罪，母亲大义凛然地笑着回答："人谁能不死，只担心死得不得其所。为此事大家同死，还有什么遗憾！"说罢，一家人慷慨赴死。

高贵乡公曹髦死于非命，打乱了司马氏一步步合理禅位的计划，让其面临巨大的舆论压力和道德质疑，毕竟武力篡权和弑君都是大逆不道之举。因此，司马昭"闻之，大惊"，跪倒在地，仰天长叹道："这样一来，天下人该怎么看我呢？"曹髦死后，司马昭进入殿中，召集群臣议论，想看看朝臣对待此事的态度和立场。其他朝廷大臣慑于司马昭的淫威，纷纷指责曹髦"悖逆不道，自陷大祸"，无人敢表示悲痛。只有王祥涕泗交流，号啕大哭，为曹髦举哀，以至于“众有愧色”。他一边大哭，一边自责“老臣无状”。王祥这一做法是经过深思熟虑的明智之举，充分体现了他在政治上的成熟、世故与圆滑。

在魏晋易代的复杂斗争中，王祥不会做曹魏的忠臣来殉葬，也不屑于像那些趋炎附势的朝臣那样死心塌地为司马氏效劳。王祥身份特殊，是当世的道德楷模，他与曹髦之间既是君臣关系又是师徒关系，他如果对曹髦之死无动于衷，既违背仁义道德，有损自己的长者形象，也会徒增司马氏集团的猜忌之心。王祥充分认识到曹髦之死给司马氏集团带来的舆论压力和道德质疑，他需要不动声色、合情合理地化解这场危机。因此，他为曹髦痛哭流涕显得有情有义。他是曹髦的太傅，老臣哭君是忠君的表现；他是曹髦的老师，老师哭学生也是人之常情。王祥的行为于公于私都无不当之处，司马氏不会以此来责备他。王祥在痛哭曹髦时，分寸拿捏得恰到好处。由于身份的不同，他不敢像太傅司马孚那样自责“杀陛下者，臣之罪也”，将凶手直指司马氏，而是用“老臣无状”这样极具概括力而又模棱两可的话语来表达。

“老臣无状”这四个字用得非常巧妙，包含着难以言说的无限深意，不同人可以有不同的理解。“无状”既可以理解为他听到这个令人震惊的消息时的不知所措，也可以理解为他对年轻皇帝惨死的震惊与同情，又可以理解为他悔恨自己没有能力去维护君臣之义。在这样特殊的时刻，他既含蓄地表达了自己对旧主的感情，又不表明自己要忠于旧主；既明确表达了自己不为旧主伸张正义的态度，又不急于对新朝表明立场。王祥的号哭与自责，在朝臣面前呈现出一位有情有义、有始有终的帝师、长者形象，也让朝臣释放了心中的恐惧、悲伤、紧张、压抑等情绪，而顺着他的逻辑反思自己在这件事情上的所作所为，就不会再追究事情的是非曲直。王祥成功地将司马氏的篡权行为轻而易举地带过，既成就了自己的道德英雄形象，也替司马昭缓解了一下尴尬的局面。因此，王祥再一次加官晋爵，“拜司空，转太尉，加侍中。五等建，封睢陵侯，邑一千六百户”。

从王祥开始，琅琊王氏形成“与时推迁”的独特家风。这种新家风对琅琊王氏家族的发展影响深远。在此后几百年的历史发展过程中，琅琊王氏历经曹魏、两晋、南朝数代复杂的易代之争及各王朝内部激烈的权力倾轧，虽然也时常受到不同程度的冲击，但王氏家族总能够在关键时刻避害趋利、化险为夷。萧华荣指出，琅琊王氏长盛不衰的关键就在于“与时推迁”。琅琊王氏代表人物大多怀抱入世之心积极进取，并且善于随机应变，少有“愚忠”之人。正是这种家风，使得王氏家族逢凶化吉，长盛不衰。

这种“与时推迁，为新朝佐命，以自保其家世，虽朝市革易，而我之门第如故”的做法为一些人所诟病，例如王夫之曾指责王祥“以全身保家为智，以随时委顺为贤，以静言处錞为道，役于乱臣而不怍，视国之亡、君之死，漠然而不动于心”。王夫之还将王祥与五代时的冯道相提并论。冯道少年时以孝顺谨慎闻名，后唐庄宗时代开始尊贵显赫，从此历朝官不离将军、宰相、三公、三师的职位，先后经历了五个不同的王朝，侍候了十位皇帝，可以称得上五代政坛的不倒翁。冯道为人清静俭朴、宽容大度，别人无法猜测他的喜怒哀乐，他能言善辩，足智多谋，与世沉浮，左右逢源，当时的人们往往用有德行度量来推重他。

但放眼整个封建社会的历史，如果不站在道德的制高点上来看，王祥的所作所为有其合理性。因为王祥面临的政治斗争或者改朝换代只是不同利益集团之间的权力争夺，并非如儒学先圣们所说的那样具有鲜明的正义与非正义的性质。曹魏由篡汉而来，正可谓“魏之得天下也不以道，其守天下也不以仁，其进天下之士也不以礼”。司马氏则是篡魏而起，被迫卷入曹魏集团与司马氏集团政治斗争旋涡的大臣们无论站在哪一方，都无法得到真正意义上的善终。王祥生于这样的“无道之世”，“自求无过，不求有益于当时”，实属无奈之举。在那样复杂的政治背景下，他能保持自己高贵的独立人格，十分巧妙地周旋于险恶的政治斗争中，审时度势，努力使自己的言行遵守礼制、保持分寸，已属难能可贵。

汉魏以降，禅让更替、社稷无常主的和平过渡模式，在更大程度上减轻和弱化了王朝嬗代所带来的政治清洗和阶层震动，国家层面的“城头变幻大王旗”，没有动摇士族社会的阶层根基，和平过渡的禅让模式契合士族阶层稳定发展的现实需要，逐渐成为精英士人比较认同的政治思想。因此，潘岳在《乘舆箴》中云：“禅代非一姓，社稷无常主。”在这种背景下，士人忠义观念的变化是很自然的事。作为一个封建士大夫，只要顺应历史发展潮流，不为腐朽王朝尽愚忠，努力维护大局安定，尽可能减少战乱，让百姓少受离乱之苦，就是对历史有功。不为一家一姓尽忠，而为国为民建立功业，正是琅琊王氏能够世代簪缨的原因所在。

二、重德守礼，人情练达

受家族文化的长期熏染，王祥严格遵循儒家经世致用思想，在乱世修身养德以正己，在“治世”出仕为官以达人。在长期的官宦生涯中，他一直重德守礼，谨言慎行。从王祥的言行举止来看，他自始至终都在严格遵循儒家提倡的“信”“德”“礼”，严守儒家名分礼制，时刻修正自己的德行，甚至把“信”“德”写入遗训传给子孙。这是他受儒家思想长期影响的结果，也是其家族长期以来形成的政治伦常道德观念的体现。

在魏晋易代之际，圣王明主之教化乃至君臣之名分并不为时人所看重。王祥严格遵循儒家仁德礼仪、重视名分等级观念的行为，在客观上迎合了司马氏集团维系人心、强化统治的政治需要。这为王祥赢得了更高的社会声誉和政治地位。甘露三年（258年），曹髦下诏书恢复三代古制，设三老、五更各一人，八十多岁的王祥因“履仁秉义，雅志淳固”，被树为道德人格的典型，尊为三老。这里的三老是古代为德高望重的长者在太学中设立的一个位置，凡有资格担当三老的人都是品行高洁、堪为师表的人。对于三老，天子要以师礼待之，以示天下孝悌。

从王祥的立身行事来看，他躬行仁义，道德淳厚，志向坚毅，能为人所不能为，对其“履仁秉义，雅志淳固”的评价可谓中肯。王祥被树立为天下的道德楷模，在太学中，他可以行使帝师之责，手持几杖，面南而坐，以明王、圣帝、君臣、政化之要来训诫天子，以此激励教化世俗民风。魏帝曹髦亲自率领群臣参拜，恭恭敬敬地聆听其教诲。作为帝师的王祥虽然备受尊崇，但在司马昭代魏已成定局的政治背景下，王祥的处境也异常凶险，他只能更加小心谨慎，不能有一丝一毫的疏忽和大意。

曹髦被杀后不久，曹操的孙子曹奂被立为皇帝，改年号为景元。景元元年（260年）六月四日，曹奂拜大将军司马昭为相国，封为晋公，食邑增加两个郡，总共达十个郡，并加九锡之礼，这是中国古代皇帝赐给大臣的最高礼遇。景元元年十二月，以王祥为司空。咸熙元年（264年）三月，以司空王祥为太尉，征北将军何曾为司徒，尚书左仆射荀颢为司空。

当时的政局云谲波诡，司马氏篡夺曹魏政权已是大势所趋。但王祥始终以儒家的礼制规范自己的言行，一直保持着谨慎持重、从容不迫的长者风范。他对两大集团的政治斗争表面上不偏不倚，保持中立，但对司马氏种种行为不反对的背后，实际上暗含着支持的态度。

王祥与荀颢一同去见晋王司马昭，在路上荀颢对王祥说：“相王（司马昭）地位尊贵，何侯（何曾）已经向他行过跪拜大礼，今日我们前去也应当下拜。”当时魏国已经完全被司马昭所掌控，皇帝只是一个傀儡而已，朝廷上下都心知肚明，很多人为表忠心纷纷对司马昭行君臣的大礼。荀颢是荀彧的第六个儿子，很有才华，后来被司马懿所重用，仕途顺利。

他一方面碍于自己是曹魏旧臣的后代理应维护魏国的威望，另一方面又怕不及时表忠心而被司马昭冷淡，内心非常矛盾。王祥在当时是一个民望、官誉都极高的人，荀𫖮极力劝说王祥向司马昭行跪拜大礼，就是想减轻自己的内疚感，增强自己行为的合法性。

王祥不赞同荀𫖮的建议，淡定地回答说："晋王虽然地位尊贵，但他还是魏国的宰相，我们是魏国的三公，与晋王只相差一个等级，上朝时的班列也是相同的，哪有朝廷的三公随便去跪拜其他大臣的道理！这样做不但有损朝廷的威望，也会毁损晋王的德望。君子爱护一个人，应当按礼行事，我现在不会去跪拜他。"到了相府，二人各行其是。见到司马昭时，荀𫖮行大礼跪拜，而王祥只是长揖。对于王祥此举，司马昭称赞道："今日方知君见顾之重矣！"

和荀𫖮对比，王祥的举止更加得体，说明王祥审时度势、揣摩他人的能力绝非一般人可比。王祥是当时具有崇高社会地位的老臣，他的行为充分体现了一位社稷之臣的风范。虽然司马氏代魏是迟早之事，但时机尚未成熟，如果此时就对司马昭行跪拜大礼，一是不符合礼制，二是会将其政治野心暴露无遗。对于王祥和司马昭来说，这种处理方式达到了双赢的效果。对于王祥来说，此举维护了君臣的名分，保持了自己恪守礼制、不为权势所左右的独立人格，树立了自己"忠"而有"礼"、不趋炎附势的正人君子形象；对于司马昭来说，此举在公开场合巧妙地掩饰了自己篡魏的野心，反而为自己树立了心胸宽广、尊长敬贤的良好形象。司马昭对王祥的良苦用心也心领神会，因此颇有感触地赞叹道："今天我才明白太尉您为什么被天下人如此看重了！"

在不拜晋王这件事上，王祥的眼光非常独到，他对自己的角色定位非常准确。他清醒地认识到，自己不像何曾、荀𫖮那样，是司马氏的心腹、死党，他只不过是为司马氏装点门面的一个道具，自己的道德人格是司马氏借以醇化世风、粉饰朝政的重要凭借。余嘉锡先生在《世说新语笺疏》中对此揭示得非常清楚：

> 考其时祥与何曾、荀颉并为三公，曾、颉皆司马氏之私党，而祥特以虚名徇资格得之。祥若同拜，将徒为昭所轻；长揖不屈，则汲黯所谓“大将军有揖客，反不重耶”之意也。故昭亦以祥为见待不薄，不怒而反喜。此正可见祥之为人，老于世故，亦何足贵！

王祥“长揖不拜”晋王之后，他的官职再一次得到升迁，不断受到皇帝的赏赐。在司马炎建立晋朝后，王祥又“拜太保，进爵为公，加置七官之职”，享有留京不朝、咨访国事的特权。据祝总斌先生研究，西晋八公有三类，太宰、太傅、太保为上公，班次最前，但却是纯粹的荣誉头衔；大司马、大将军也是荣誉性质，但偏重在地方上镇守、充任都督的官僚；太尉、司徒和司空称“三司”，常由年长者担任，职位清闲，还被视作宰相，同时兼领尚书等职务，尤以司徒为重。王祥曾担任太傅、太保、太尉、司徒、司空等，可谓荣宠不衰。

当有人因王祥年老多病，很少参加朝会而弹劾他时，晋武帝下诏说：“太保元老高行，朕所毗倚以隆政道者也。”这里一语道破了王祥不是开国元勋，而能位列三公、坐享尊荣的实质。“高行”就是高尚的品行，对于王祥来说，就是天下传颂的孝行。晋武帝给予王祥高官的原因，就是树立孝道的典型，倡导全社会实践孝行。

在封建社会，朝廷对文人士大夫主要关注两点：一是其政治才能，二是其思想观念与道德品质。王祥能够身居高位，就是因为其思想观念与道德品质对朝廷提倡以仁孝治国的政策能够起到积极的作用。也正因为如此，王祥孝悌忠谨的人格成为历代宣扬忠孝仁义之时所极力褒扬的事情，他的事迹不仅为正史官书所记载，在民间传说中也广为流传。

三、不慕奢华，清正廉洁

魏晋南北朝是中国古代史上一个大分裂的时代，不仅战争频仍，而且自然灾害频发，瘟疫流行，人们不仅面临着衣食之忧，也经常面临着死亡的危胁。同时，这也是一个社会变革的时代，在政治、经济、思想、文化领域，也发生着重大的变化，由此引发一个较为普遍的现象，那就是各级官吏对财富的贪婪。他们广占良田，巧取豪夺，搜刮民脂民膏，大肆聚敛钱财，过着奢侈腐化的生活。

作为西晋的第一代君主，晋武帝司马炎纵情享乐，为了方便自己选美，竟然“禁天下嫁娶”。他在生活中极尽奢华之能事，倡导奢侈之风。他贪财无厌，富有天下尚且不足，还公开卖官鬻爵。这种不良的影响导致西晋吏治日益腐败，贪墨奢侈之风盛行。

据《晋书 · 刘毅传》记载，太康三年（282年）春，晋武帝在南郊祭祀完毕后，向身边的大臣刘毅询问：“爱卿以为朕可以和汉代哪个皇帝相提并论？”刘毅当即对答：“可比桓、灵二帝。”桓、灵二帝昏庸无能、荒淫无道，他们在位期间，是东汉最为腐败黑暗的时期，也是东汉王朝迅速走向衰败和灭亡的时期。听到自己被比作这两位昏君，晋武帝很不高兴，禁不住问道：“不至于如此吧？朕的德行虽不及古人，犹克己为政，又荡平东吴，统一天下，桓、灵二帝岂能与朕相提并论？”刘毅从容不迫地回答道：“桓、灵二帝卖官，钱入官库；陛下卖官，钱入私门。如此说来，恐怕你还不如他们。”晋武帝听了面红耳赤，只好自我解嘲地大笑道：“桓、灵之世，不闻此言，如今朕有你这样的诤臣，说明我还是胜过他们的！”

最高统治者倡导纵情享乐，王公贵戚、高级士族自然积极响应。何曾、何劭、王恺、石崇、羊琇、贾谧、王济等人是西晋时期穷奢极欲、纵情享乐的代表人物。史载，何曾“性奢豪，务在华侈”，“日食万钱，犹曰无下箸处”；何曾的儿子何劭有过之而无不及，“食必尽四方珍异，一日之供以钱二万为限”；王恺与石崇比富的故事更是闻名天下。西晋社会上层人物纵情享乐已经成为一种风气，他们虽然身居要职，却没有心思处理政事，往往置国家、民族利益于度外，把享乐看成高于一切的要务，一味任性适情耽乐纵欲，对国家、对社会毫无责任感。受此影响，士人们也普遍以追求奢靡生活为荣，整个社会弥漫着一股低迷不振的风气。

在这样的时代氛围中，王祥能够廉洁自守，出淤泥而不染。王祥身居高官显爵，位列三公，与何曾等人同朝为官，但他为官清廉，不治田产家业，为官二十多年，竟然家无宅宇。王祥年迈以病辞官时，晋武帝司马炎同意其以睢陵公就第养老，赐安车驷马府第一区及钱、绢等物。晋武帝专门下诏，让王祥暂时居住本府，等赏赐给他的府邸建成后，再搬出去，并给王祥配置官骑二十人，舍人六人。王祥去世时，晋武帝下诏赐他棺材一副，朝服一具，衣一袭，钱三十万，布帛百匹。王祥去世后，家无余财，晋武帝“以祥家甚贫俭，赐绢三百匹”，拜王祥第三子王馥为上洛太守。

王祥生前清廉持家、生活简朴，在临终前留下遗令嘱咐子孙，自己身后一定要薄葬：

夫生之有死，自然之理。吾年八十有五，启手何恨。不有遗言，使尔无述。吾生值季末，登庸历试，无毗佐之勋，没无以报。气绝但洗手足，不须沐浴，勿缠尸，皆浣故衣，随时所服。所赐山玄玉佩、卫氏玉玦、绶笥，皆勿以敛。西芒上土自坚贞，勿用瓦石，勿起坟陇。穿深二丈，椁取容棺。勿作前堂、布几筵、置书箱镜奁之具，棺前但可施床榻而已。糒脯各一盘，玄酒一杯，为朝夕奠。家人大小不须送丧，大小祥乃设特牲。无违余命！高柴泣血三年，夫子谓之愚。闵子除丧出见，援琴切切而哀，仲尼谓之孝。故哭泣之哀，日用降杀，饮食之宜，自有制度。

他谆谆告诫子孙：自己死后不要铺排张扬，“气绝但洗手足，不须沐浴，勿缠尸，皆浣故衣，随时所服”。不用贵重器物陪殓，墓穴不用砖石砌筑，不起坟陇，不作前堂，亲属不必送丧，不必摆放太多的祭品。这一做法是对当时奢靡的丧葬风气的坚决否定，具有积极的社会意义。

受当时上层社会奢靡之风的影响，厚葬之风盛行，不仅陪葬品变得极为奢靡，而且丧葬的仪式也日益烦琐。大至王侯将相，小至寒门子弟，都在丧葬礼仪上极为用心，非常重视举办丧事、居丧守孝、修建坟墓等守孝仪式。时人普遍认为，孝子事亲就该“居则致其敬，养则致其乐，病则致其忧，丧则致其哀，祭则致其严”。父母的丧葬礼数是否周到和规范，是中正清议品评人物德行优劣的重要标准。如果子女不遵守礼数的规定，采用简单的丧葬仪式，不仅会受到乡论清议的谴责，承受巨大的舆论压力，甚至还会背负不孝的骂名。在魏晋时期，不孝实属大罪，不孝之人会受到法律的惩处和中正清议的弹劾。王祥以孝行闻名天下，位居三公，像他这样的朝廷重臣，死后必然受到厚葬和隆重祭祀的礼遇。他能够不为时风所染，以临终遗言的形式要求实行薄葬，废除丧葬仪式的繁文缛节，身体力行地醇化世风，为后人树立了良好的榜样。

和王祥同时代的羊祜和杜预也是不为当时奢侈享乐之风熏染的杰出代表。他们和王祥一起，成为当时官场的一股清流，代表着士人们的精神坚守。西晋时的名臣羊祜家族以为官清廉、品德高尚而闻名，羊祜为人清廉俭朴，衾被衣服都很朴素，得到的俸禄全都用来资助、赡养族人和赏赐军士，家无余财。女婿曾经劝羊祜说：“岳父大人应该购置一些田产家业，这样卸官后也好有所归宿，后事有所依托。”羊祜默然不应，事后他告诫子女们说：“这种说法是知其一不知其二。作为人臣，经营私业就违背公事，这是很糊涂的做法，你们应记住我这些话。”羊祜深得司马炎的重用和信任，在晋灭吴完成统一大业的过程中立下汗马功劳。在临终前，他向司马炎举荐杜预代替自己完成未竟的事业。

杜预平生志向在于“立功立言”，他“结交接物，恭而有礼，问无所隐，诲人不倦，敏于事而慎于言”，对于“公家之事，知无不为。凡所兴造，必考度终始，鲜有败事”。他平生没有其他嗜好，只喜爱研读《左传》，利用业余时间撰写《春秋左传集解》。他在生前嘱咐家属，自己死后丧葬从俭，不得侈费。墓地他自己已经提前选好，墓室仿照郑大夫子产墓朴实无华、砌筑简单的式样依山而建，就地取材即可，陪葬不需要珍宝财物，普通的器皿、衣物就可以了。他的子孙后代谨遵遗嘱将其安葬于首阳山。

四、注重世务，清虚淡泊

魏晋时期，士人阶层在价值追求方面陷入迷茫，重世务与贵清虚相互交织，士人在两者之间左右摇摆，犹豫不决，或依违两可，或乖谬背离。所谓世务者，主要是指在政治上有所作为，能够治国安民，经世致用。所谓清虚者，主要指摆脱尘世间功名俗务的羁绊而怀抱清高淡泊甚至虚无的人生价值取向。魏晋时期，士家大族的崛起和兴盛，与士人阶层对经纶世务的重视密切相关。士人阶层重视经纶世务，既是实现个体生命价值的现实要求，也是争取家族利益最大化、长久化的现实需要，努力接近政治权力核心是重世务的突出体现。贵清虚表面上是一种疏离政治世务的姿态，实际上则是一种低调的文化炫耀。士人通过发言玄远、谈玄论道等文化活动将自己与一般人区别开来，以此体现自己的文化优越感。

士家大族因其在经济、政治、文化等多方面具有优越性，成为士人阶层的主要来源，他们能够在重世务与贵清虚之间根据需要自由切换。因此宁稼雨先生在《魏晋士人人格精神》一书中得出这样的结论：

> 那些在《世说新语》中挥麈谈玄、悠然恬淡的士族巨头，实际上也是当时政治舞台上叱咤风云的头面人物。这就是说，从曹魏时期开始，到东晋王朝止，士族文人在政治上既是最为热衷的追星族，又是政治权力的最大受益者。这就是我们从有关魏晋士族政治活动的正史记载中所得出的印象。

王祥将重世务和贵清虚处理得比较妥帖。在前期避难隐居期间，他修身养性，积累名望，静观时局，伺机而动。五十多岁时，王祥受徐州刺史吕虔征召，担任别驾之职。他抓住这个难得的机会，认真做官，务实勤谨。他一出仕，就身手不凡，捕盗靖安，带兵破贼，文治武功，名震遐迩，使其家族的地位和名望得到迅速提升。在后期，王祥职位一路升迁，名列三公，位极人臣，他又能谨言慎行，保持清素高洁的品格，不与一般俗人来往，不轻易臧否人物。因此，族孙王戎说他在正始年间，“不在能言之流。及与之言，理致清远，将非以德掩其言乎”。王祥去世时，前来吊唁的不是朝廷的贤达之人，就是亲友故吏，无杂吊之宾，令王戎感叹曰：“太保可谓清达矣！”

后来的王羲之将这种重世务、贵清虚的处事风格发挥得淋漓尽致。王羲之是魏晋风度的代表性人物，在书法上达到炉火纯青的境界。同时，他也是中国历史上不可多得的良吏，为官一任造福一方，其正直的人品、清廉的官品、精湛的书品交相辉映。王羲之为官，注重实际，主张实行清明政治。永和七年（351年），他在扬州刺史殷浩的反复劝说下出任右军将军、会稽内史，因此后世称他“王右军”。在会稽内史任上，当地遭遇特大灾害，百姓流离失所，如不采取断然措施就会导致大批灾民饿馁而死。王羲之在没有得到皇帝圣旨的情况下，毅然下令开仓赈济灾民，并上疏减轻老百姓的繁重徭役。这种冒着擅权的巨大风险、置个人生死于不顾的“先天下之忧而忧”的精神在今天也是难能可贵的。开仓赈粮后，为了节约粮食，他专门下了一道禁酒令，并且自己带头遵守。他生活清简，反对骄奢淫逸，主张以淳朴为天下治，在给好友殷浩、谢万等人的书信中，提倡节俭，要他们“食不二味，居不重席”。

王祥最著名的是他的孝行，他以孝出名，以孝入仕，以“卧冰求鲤”名列“二十四孝”，被尊称为“孝圣”。孝成为王祥安身立命的根本，成为维系琅琊王氏家族凝聚力的精神纽带，成为琅琊王氏家族家风传承的重要内容。

一、以孝为先，忠孝一体

琅琊王氏世代服膺儒学，将儒家伦理道德作为行为规范。受家学传承的影响，王祥具有深厚的儒家思想基础，自觉地遵守儒家规范，将孝道视为立身之本。“孝”是中华民族传统伦理道德的重要组成部分，在汉民族的意识中根深蒂固，是中华民族世代相传的优良品德。“孝”最初是为了规范家庭秩序，仅限于调整父母与子女之间的家庭伦理关系。孝的观念和行为完全是建立在人与人之间最原始、最基本、最朴素、最真挚的感情基础之上的。父母对子女有养育之恩，子女应该尊敬、体贴、赡养、侍奉父母。这是一种十分美好的东西，闪耀着人性的光辉，是合乎人道的，值得弘扬和提倡。提倡孝道有利于增进父母与子女之间的感情、改善父母与子女之间的关系，有利于促进社会和谐、维护社会稳定。

对于一个家族而言，“孝”是齐家、治家的基本遵循，是维护家族内部亲疏、尊卑、长幼、男女之序的基本宗旨。“以孝为先”是历代家法族规的首要内容，也是每个家族成员都应遵循的至理。随着社会的发展进步与统治者的大力提倡，儒家伦理道德的内涵得到不断丰富和发展，从最初调整家庭代际关系的“孝”，逐渐扩展出调整同辈关系的“悌”、调节夫妻关系的“节”“烈”、调节君臣关系的“忠”、调节非血缘关系的“义”等，生儿育女、传宗接代、忠孝节烈等都被纳入其调整范围。“孝”演变成为一种社会性的价值准则和行为规范，成为人们处理家庭、亲属及人际关系的价值标准体系的核心。

中国传统的社会结构是家国一体，家庭与国家是一种同构关系，因此中国很多伦理价值观念和维护社会秩序的制度，都是从家庭、家族中引申出来的。在儒家心目中，“忠”就体现在“孝”里面，“国”不过是“家”的放大形式，维护家族整体的和谐稳定就是维护国家的安定团结。汉代统治者从儒家思想中受到启发，把家庭孝悌作为“治国平天下”的出发点，特别强调家国同构，把君臣关系与父子关系同构起来，将君与父的角色合二为一，强调“臣事君，犹子事父母也”，要求人们忠孝合一。这样，就把原本基于血缘亲情基础之上的事亲以孝与讲求尊卑有序的事君以忠结合起来，对君主尽忠也就等于孝亲。

孝成为维护封建专制统治长治久安和社会稳定的精神基础，因此，自汉代开始，历代统治者都把孝提到至高无上的地位，强调“以孝治天下”。帝王往往修身立德，率先垂范，以自己的孝行去感化百姓。皇帝不仅亲自讲授或注释《孝经》，甚至死后还要以“孝”为谥号。整个汉代，除了汉高祖刘邦和光武帝刘秀，所有皇帝的谥号中都有“孝”字。受此影响，在谥号前加“孝”字，也成为历代帝王的偏好。唐代先后二十一位皇帝谥号中有“孝”字，宋朝共计十七位帝王谥号中有“孝”字。

为鼓励和弘扬孝道，汉代还以孝选官，将孝作为选拔官吏的重要标准。汉文帝开始以“孝悌”选拔官吏，汉武帝立“孝廉”，开举以孝选官制度的先河，将“孝廉”作为考核人才道德品质的主要标准，“以孝选官”蔚然成风。“孝悌”变成衡量一个人德行和才能的首要标准，成为普通士子步入仕途的有效途径，成为官吏加官晋爵的政治资本，社会上亦形成“在家为孝子，出仕做廉吏”的舆论和风尚。历朝历代人才选拔的标准虽然不尽相同，但孝悌一直是其中的重要条件，“二十五史”中因“称孝”而进身、扬名的官吏、学者、乡绅不胜枚举。

汉代还大力宣扬和旌表孝子的孝行，把“孝子”作为旌表孝行卓著者的特定称号，并授以一定官职。“二十四孝”中“郭巨埋儿”的故事早在西汉末就被刘向写进《孝子传》。经汉代大力宣传贯彻，“孝”的观念在汉民族的意识中根深蒂固，成为中华民族传统伦理道德的重要组成部分。《汉书》《后汉书》中以孝得官者不胜枚举，班固在修纂《汉书》时，对于孝行的记载连篇累牍，充满赞赏之情。为了弘扬孝道、教化世俗，后世形成在正史中为孝子立传的惯例。魏晋南北朝时期的史书除《周书》《北齐书》外，都专设有记载孝子的传记。如《宋书》《南齐书》都有《孝义传》，《梁书》《陈书》都有《孝行传》，《魏书》有《孝感传》，《周书》以及《南史》《北史》都有《孝义传》。这种以“孝义”“孝友”“孝感”“孝行”为名的类传，都是为了表彰孝行卓著的人物。在此后的唐宋元明清时期，“孝友”“孝义”等传在正史中均一直存在。这表明，从魏晋南北朝开始，“孝”已经提升为国家倡导、要求社会成员普遍遵守的规范，并成为构成中华民族道德的核心要素。

为提倡孝道，历朝历代大兴旌表之举。旌表分中央、地方两级，中央往往以皇帝颁下诏书的形式予以旌表，地方级别的旌表由县、州、郡等各级行政机构进行。旌表方式有赐“光荣匾”，建“上位”牌坊，竖“纪念碑”，立“纪念祠”，为孝子居住地改换“名”等，“使民有所观感”“荣宠家国”。现存旌表孝子的匾额以清朝时期的最多。旌表孝行的牌坊多建在闹市或被旌表者的宅前，有专坊和总坊；古代孝女立“节孝碑”，孝男立“孝子碑”；纪念祠则有忠孝祠、忠义祠、节孝祠等。对于违反儒家孝道的行为，不仅为家族所不容，为世风所不齿，甚至还会受到法律的严惩。《世说新语》中就记载有东汉的一名小吏因谎称母病请假而获死罪的事例，充分说明了“不孝”的严重后果。

两汉统治者都倡导“以孝治天下”，认为只有对父母有孝亲美德，才能忠于国家，正所谓“求忠臣必出于孝子之门”。孝作为一种历代沿袭的道德规范和传统美德，能够上行下效，世代相传，发轫于孔子。在理论上将这种美德发扬光大，在实践上身体力行的，则要数王祥。王祥在克己复礼方面达到了常人所不能至的境界，这种至孝是一种纯理性行为，是他对儒家思想的完美践行，亦是对其家族道德伦常的发扬与延续，同时也对规范其家族成员的道德观念起到了积极的作用。通过人们的口耳相传，王祥的行为已不单纯是个人人伦道德的体现，更成为一种醇化世风人伦的社会性行为。

二、孝治天下，孝先于忠

王祥所生活的魏晋时期虽然玄学盛行，却并未完全放弃儒家的正统思想，“以孝治国”是魏晋的基本国策。忠、孝都是儒家思想的核心内容，侍君尽忠、侍亲尽孝，是对士人最基本的道德规范。忠与孝在一般情况下是一体的，但有时也会发生冲突，士人需要在忠、孝之间作出选择。但该如何抉择，魏晋之前并没有明确统一的标准。在魏晋时期，忠与孝、君和父之间的矛盾非常尖锐，如何处理君臣关系成为非常敏感又必须面对的现实政治问题。士人在这种激烈的冲突之中，必须在忠与孝之间作出艰难的抉择。

王祥在曹魏末出仕，正值曹氏与司马氏之争的关键时刻。司马氏想要篡权，大肆屠杀名士如夏侯玄、毌丘俭、诸葛诞、嵇康等，“天下名士去其半”，得以存活的也焦虑不安，如阮籍，其虽出任了司马氏授予的官职，但仍担心被杀，“发言玄远，口不臧否人物”，长叹“终身履薄冰，谁知我心焦”，痛苦无比。王祥处在这样复杂的政治环境中，稍有不慎，就会有杀身之祸甚至有灭门之灾。在这样的时代背景下，王祥无法像祖上王吉等人那样，坚定不移地履行儒家的“忠君”思想。王祥虽然秉承家族传统，谙熟儒家旧典，信奉儒家思想，但同时他也讲究经世致用，能够根据政治环境的变化而在思想意识上有所调整和变化，这种改变突出地表现在舍“忠君”而取“孝悌”。

王祥生活的时代，正处于汉魏政权更迭与魏晋政权“禅让”的特殊时期。与其他朝代相比，魏晋时期大力宣扬以孝治天下，具有特殊的、难以明说的原因。诚如鲁迅先生在《魏晋风度及文章与药及酒之关系》一文中所言：“（魏晋）为什么要以孝治天下？因为天位从禅让，即巧取豪夺而来，若主张以忠治天下，他们的立脚点便不稳，办事便棘手，立论也难了，所以一定要以孝治天下。”历史有着惊人的相似，曹氏通过逼迫汉献帝退位而得天下，司马氏家族又通过夺取曹氏孤儿寡母的政权而建立西晋王朝。如果用儒家伦理纲常所规定的道德标准和规范来衡量，他们都是乱臣贼子。这种不光彩的经历，使魏晋统治者实在没有底气和脸面要求前朝的旧臣遗老忠君。

一般来说，在忠孝之间，统治者往往更重视忠。但曹魏集团与司马氏集团都是篡位而得天下，本身就是一种不忠不义的行为，已经违反了儒家“忠”的准则，自然无法用“忠”来要求自己的臣子。对于魏晋统治者来说，篡权是其心中最大的忌讳。为掩盖这一罪行，他们只能以大力提倡儒家传统中的“孝悌”思想来掩盖其“不忠”的行为。他们登上皇位之后，又非常渴望臣民们对其尽忠，因此想通过提倡孝道来维护其封建统治，强调以孝治天下。孝为魏晋王朝的更替披上了一层合法的外衣，魏晋统治者通过大肆宣扬孝道，以孝来维持世道人心，达到收拢人心、巩固统治的目的。因此，在魏晋之际，出现一种奇怪的现象，“不忠”是可以被理解、原谅的；“不孝”则不能容于世族，甚至不能容于世。曹操杀孔融，司马昭杀吕安、嵇康，其冠冕堂皇的理由都是“不孝”。

在统治者的大力倡导下，孝不仅成为统治者更好地维护封建统治的手段，而且成为评价人物的重要标准，成为士大夫们安身立命的凭借。人们在面临忠孝冲突时，往往将“孝”作为安身立命的根本。魏晋士人的忠孝观发生了变异，形成了先亲后君、先孝后忠的思想观念。所以，在《世说新语》“德行”篇中，以忠义入选的只有一则，而以孝行入选的却有十三则之多。

在这样的时代背景下，出身于儒学世家、以孝行闻名天下的王祥正好符合魏晋时期“以孝治国”的政策，他由乡野走向庙堂受到朝廷的器重也就不足为奇了。《晋书》中有关王祥的记载虽然有夸张的成分，但王祥能够荣列“二十四孝”必然有其突出的孝行。琅琊王氏从王祥开始，把孝道作为个人品德的追求，并且推己及人，将孝上升为普遍性的伦理规范，用来保持家庭结构稳定，促进社会和谐安定。

三、艺术说孝，喜闻乐见

孝道宣传是中华文明史上历时最长、规模最大、影响最为深远的一场文化动员活动。从《三字经》《千字文》《弟子规》等古代启蒙书籍中的孝道教化，到岳飞、文天祥、邓世昌等众多仁人志士的“精忠报国”，再到皇帝亲自注《孝经》、选官任贤“举孝廉”等，孝道思想几乎渗透到整个封建社会生活的方方面面。除了最高统治者大力提倡弘扬孝道，民间也采用老百姓喜闻乐见的形式对孝道进行具体生动、可见可感的宣传。其中绘画和戏曲是宣传孝道的两种重要艺术形式，“孝子图像”和“孝子剧”是两种重要的表现题材。王祥“卧冰求鲤”的孝行是“孝子图像”和“孝子剧”中经常出现的内容。

以图画形式宣扬孝道思想，比较直观、生动、形象，更具艺术感染力和宣传教化作用，易于为人们理解和接受。最常见的是用“孝子图像”作为墓葬装饰艺术的题材。“孝子图像”是指反映孝子或孝行的人物图像（画）。这种图像是考古发现中一种常见的墓葬装饰题材，内容表现的是传统“二十四孝”的故事，其常用的技艺手法为雕刻、彩绘，主要见于画像石、画像砖、壁画、漆画、木版画或藤条编织物上。这种艺术形式延续的历史非常久远，在汉墓石刻中已有发现，是中国美术史上的一道独特景观。这些艺术遗存是孝道思想在民间的表现，是普通百姓喜闻乐见的艺术形式，有着广泛的群众基础，在民间有着深远的影响。

隋唐时期，在文学作品中出现“二十四孝”一词，宋金时期，开始出现连续的带有故事情节的“二十四孝”图像，成为元代以后民间流传的“二十四孝”故事的蓝本。“二十四孝”人物是从民间流行的孝子人物中编辑而成并固定下来的。这些孝子图像既是孝道思想在民间的反映，更是民间思想与信念的体现。在画像石棺的装饰中，王祥“卧冰求鲤”的题材非常流行。河南孟津宋张君墓画像石棺上首次出现成型的“二十四孝图”，在这二十四幅图中王祥排列在第九位。

孝子图像，特别是历代“二十四孝”图，以具体的人物事迹对孝道思想进行了比较全面而生动的解说，包括尊亲、敬亲、养亲、顺亲等多重含义。这些孝子图像在对孝子故事内容的选择与情节内容的“设计”与“安排”上存在某些偏重，不少行孝故事融入“天人感应”的思想内涵，在情节上都安排设计了“行孝必得好报”的内容，寄托着人们的良好愿望与美好期盼。这些情节内容充分体现了普通民众对孝道思想的理解，可以说是一种“实践中的孝道思想”，从某种程度上说，这正是孝子图像的生命力之所在。

在传统的孝道宣传体系中，戏曲扮演着不可或缺的重要角色。宋代出现大批说孝讲孝的歌词、俗文，如赵普《王氏孝义歌》、邵雍《孝父母三十二章》《孝悌歌十章》、万衣《赠柳泗澜孝子歌》、真德秀《泉州劝孝文》等。百姓中流传着大量以简单故事、歌谣、图画为主的书籍，有《二十四孝》《劝孝歌》《百孝经》《柳枝词思儿曲》等。各种地方戏在街头巷尾演绎孝道，百姓喜闻乐见，宋杂剧中《琵琶记》成就最高。元代戏曲开始繁盛，元杂剧中盛行南北的“孝子剧”有二十种之多，明清时期“孝子剧”创作依然繁荣，搬演不绝。不论是宋金杂剧、元杂剧、明清传奇，还是地方戏乃至京剧，孝子剧作为一个重要类别一直活跃在戏剧舞台上，把孝道推向了普遍化、大众化。戏曲凭借其通俗性、广泛性和普及性的特点，日益受到主流意识形态的重视，其教化功能不断提升，在宣扬孝道的过程中，成为最有效的宣传途径。

在这些“孝子剧”中，“王祥卧冰”的故事一再被演绎和传颂。宋元时期有戏曲《王祥卧冰》，此剧在《南词叙录宋元旧篇》中有著录，《曲海总目提要》中也有著录，在1783年左右，此剧仍有传本，其中有王祥与妻子以及弟弟王览的对唱。由于在《三国演义》中提到魏太尉王祥，因此也有人把这一传说列入“三国戏”的研究中，王晓家《宋元戏文中的“三国戏”考论三题》一文认为，《王祥卧冰》一剧的本事，就是以王祥卧冰求鲤孝敬继母为主线敷衍出来的。

元代杂剧作家王仲文有《感天地王祥卧冰》杂剧一本，《录鬼簿》著录，我们可以作为《王祥卧冰》一剧的参考。此剧共保留有曲目八十一支。《中吕过曲》《凤蝉儿》是此剧的开始，写众木匠修造房屋做活的场景，以众人烘托王祥："论造作功夫我们最高。使斧头，并邦响得又好。造屋一日使了。"《正宫过曲》《白练序》通过唱词描述王祥守柰向妻子告别时的情景："娘托付我，去园中看果木。昼令驱鸟雀，夜惊虫鼠。我托汝与我盖草庐，我与娘子作别即便去。即毡盖，图得个避暑，更防风雨。"王祥妻子的唱词表现了夫妻分居两处的清冷以及对夫君守柰的担忧。最能说明问题的是王祥的两支曲子《红林檎》和《醉公子》："凝眸，睹鸳鸯戏水，波纹皱，双飞斗。应笑我，今朝拆散，凤友鸾俦。母约束怎么敢迟留，看柰子休得要落后。刚滞酒，拼饮三杯五盏，和哄离愁。听剖，为母亲我功名懒求，他日里名字穗复金瓯。休忧，锦衣学取斑衣里舞袖。得志后，管取向新筑沙堤，步入龙楼。"王祥与妻子一个在外面守柰，一个在家中操持，忍辱负重，孝敬继母，"孝情不敢违娘意，死无怨一件件追随"。母亲对王祥夫妻的虐待，王览夫妻看在眼里，急在心上，经常为兄嫂打抱不平。王览妻子《驻马听》的一段唱词很能说明问题："一样孩儿，两样看承，因个甚的？伯伯守柰，姆姆绩麻，又教你去汲水。奴家不敢讲论是和非。大家飞上梧桐树，自有旁人笑看你。常言恶事传扬千里。"王祥妻子心存感激地回应道："婶婶贤达人怎比？多谢你相轮替，助着奴一臂。"从夏到秋，王祥一直在园中看守柰树，柰树果实成熟后，继母仍不许王祥与妻子团聚，又安排他马上出门做生意贩卖绢帛。王览因事出门，回家得知哥哥被迫出远门做生意，自己来不及阻止母亲，非常懊恼而又无可奈何，他宽慰嫂嫂道："嫂嫂宽肚肠，休要垂泪。我今赶家兄去，急急登程休停住，迟又恐成差误。"母亲得知王览要去追赶王祥，认为他是受了王祥妻子的怂恿，就拷打惩罚她。王祥思念生母，偷偷描画母亲的画像，被继母发现后受到责打，而且辱及生母，王祥内心痛苦到了极点。但这没有改变王祥对继母的一片孝心，在继母重病时，他"愿出千金医慈母”。最后，在王览的劝说下，在王祥孝心的感化下，继母终于感悟，对王祥视如己出，使王祥立定了“竭孝义”“试把经纶高展”的志向抱负。

明代万历年间，著名戏曲家沈璟根据“二十四孝”故事进行改编，创作有《十孝记》，包括《黄香枕扇》《兄弟争死》《缇萦救父》《伯俞泣杖》《郭巨卖儿》《衣芦御车》《王祥卧冰》《张氏免死》《薛包被逐》《徐庶见母》等十个短剧。作者通过添加、删减、改写等手段，使故事更加符合情理，在舞台上树立了一个个感天动地的孝子典范。《王祥卧冰》采用南北合套的曲调形式，讲述了干宝《搜神记》中所述的王祥剖冰求鲤的故事，其中仅讲述了王祥“脱衣跣足拼剖冰”的情节，并未有“卧冰”之事。同题材剧作还有王仲文所作元杂剧《感天地王祥卧冰》、明代无名氏所作弋阳腔剧作《卧冰记》。

2007年8月28日，新编历史剧柳琴戏《王祥卧鱼》在人民大会堂汇报演出，整场演出以其鲜明的主题、感人的故事、精美的布景、精湛的演技打动了在场的所有观众，给现场观众带来强烈的震撼和感染。该剧以“孝文化”为主题，在继承和发扬中华民族传统文化的基础上，加入构建和谐社会这一时代主题元素，表达了“家和万事兴”的文化理念，达到了传统文化和时代命脉的完美融合。2006年，民间文学“卧冰求鲤传说”和柳琴戏一起被列入山东省第一批非物质文化遗产名录。

“孝”是中华民族历代沿袭、传承的传统美德，是中华民族的文化精华。不管社会如何变迁，朝代怎样更迭，孝道永远是一个常提常新的话题，永不过时。虽然由于历史的局限，其中夹杂着一些不合理的成分，但这掩盖不住它在历史长河中的文明光辉。随着历史车轮的前进，孝文化将以它独特的魅力展现出人性的光彩和力量。

四、“二十四孝”，推陈出新

孝道思想是儒家伦理道德的核心内容之一，在中国传统伦理思想中一直处于“百善孝为先”的首要地位，对国人性格心理和道德规范以及整个中国历史都产生了广泛而深远的影响。从某种意义上说，传统中国文化可称为孝道文化，传统中国社会更是建立在孝道基础上的社会。由于历代儒学之士大力宣扬孝道观念，关于孝道的论述比比皆是，再加上封建统治者屡屡推行“以孝治天下”，孝道政治大行其道，以至于曾国藩曾说，读尽天下书，无非是一个“孝”字。

在孝道思想的传承和发展过程中，影响最为重大和深远的，是《孝经》和元代郭居敬编纂的《二十四孝》。从古至今，只要人们谈论起孝子、孝心，大抵都会对《孝经》中的“夫孝，天之经也，地之义也，民之行也”“夫孝，德之本也，教之所由生也”等至理名言推崇备至，很多帝王、文人士大夫还会对“王祥卧冰求鲤”“董永卖身葬父”“黄香扇枕温衾”“孟宗哭竹生笋”等《二十四孝》中的孝子孝行大加赞叹。《孝经》是我国古代孝道思想的纲领性著作，其中所宣扬的忠孝思想成为我国传统社会的主流价值观念和基本道德规范，被人们称为“人伦的至理”。《二十四孝》集中了从唐尧时期到北宋年间的二十四个孝子竭诚孝亲的典型故事，是对《孝经》经义配以具体生动的案例进行阐发的民间读本，成为对普通民众进行孝道教育的普及性教材。其中所选出的孝子有男有女、有老有少，上至帝王将相、下至平民百姓，具有广泛的代表性，被誉为“几千年孝道的典型人物”，为社会各类成员树立了行孝的榜样。

儒家的孝道观迎合了普通百姓养儿防老、传宗接代、父慈子孝、家和业兴等人生需求，在民间有着广泛的群众基础。与此同时，“以孝治天下”又适应了中国封建地主阶级稳定统治的需要。在历代儒家学者和封建帝王的积极倡导和大力推动下，在普通民众的世俗追求中，孝悌观念成了一种最基本的社会道德原则。几千年来，孝道思想在塑造国民性格、维系家庭和谐和促进社会进步等方面发挥了积极的作用。

尽管传统《二十四孝》中充斥着因果报应、天赐神助等封建迷信的色彩和荒诞残暴的内容，但其中也有很多可信、可敬甚至可学的地方。尤其是“忠孝一体”的家国观念和竭尽所能孝敬父母的真情实意，已熔铸到历代中国人的血脉之中，成为人们世代相传的传统美德和精神支柱，激励着人们积极进取、建功立业。

随着时代的发展，人们对孝道观念的理解发生了很大变化，尽孝的方式也在不断与时俱进。2012年，全国妇联老龄工作协调办、全国老龄办、全国心系系列活动组委会共同发布了《新二十四孝行为标准》。“新二十四孝”中倡导子女应为父母做到二十四件事情，包括“支持父母的业余爱好”“教父母学会上网”“支持单身父母再婚”“带父母参观自己工作的地方”“陪父母拜访他们的老朋友”“仔细聆听父母的往事”等等。二十四条新的行为标准，为子女们提出了新时代践行孝道的新要求，其发布后在社会上掀起了一场关于孝道的热烈讨论。

“新二十四孝”是对《孝经》和《二十四孝》中传统孝道的扬弃，是在传统孝道基础上的推陈出新。“新二十四孝”的内容集中体现在“居则致其敬，养则致其乐”两个方面，既继承了中国传统孝道思想中最关键的因素和最合理的内核，又摒弃了夹杂其中的糟粕成分和政治化倾向，更加科学合理，更富有人情味。

儒家孝道思想最基本和核心的含义就是“善事父母”，最重要的就是子女能发自内心地关爱父母，对其敬爱有加，不仅要在物质上赡养亲人，更要在精神上抚慰亲人，使其乐享天年。随着社会经济的发展，我国绝大多数人已丰衣足食，供养父母的吃、穿、用等物品也基本不成问题，但精神层面上的“善事父母”做得还远远不够。“新二十四孝”继承传统孝道思想的合理内核，引导和提示人们，无论怎样都要多多关爱自己的父母，设身处地地为父母着想，使他们都能老有所养、老有所学、老有所乐。

总之，孝道思想是中华文明的一朵奇葩，是中华民族的传统美德，它不仅带给人们情感的寄托和终极的关怀，也促进了中国家庭和社会的和谐与稳定，更塑造了中华民族爱国爱家、孝亲敬老、广施博爱、自强不息的伟大民族精神。我们要批判地继承传统儒家的孝道思想，取其精华、去其糟粕，古为今用、推陈出新，使尊老孝亲、博爱互助的优良传统在当今时代发扬光大。

世家大族为了传承其家族的精神文化传统，都十分重视家族教育，往往有家诫、家训、门律、门范等，宗族领袖人物在辞世前也往往留有遗言、遗令用以教育子弟、训诫后人，形成所谓的门风。琅琊王氏“门风孝友，有过他氏”，“家庭之际，雍睦可亲”，这种门风对于维系其家族的显贵地位发挥了重要作用。

魏晋时期的王祥是琅琊王氏家族的奠基人，他在临终前，对自己的为人处世方法以及持家态度进行了总结，强调信、德、孝、悌、让在立身处世中的重要性，并将其写入留给后代的遗令中，子孙皆奉行之。王祥遗令对于琅琊王氏后来的兴旺和家风的形成起到了重要作用。在王祥之后的三百多年里，琅琊王氏出了许多家训，如王微的《遗令》、王僧虔的《诫子书》、王秀之的《遗令》、王筠的《与诸儿书论家世集》、王褒的《幼训》等，在修身、立德、向学、为人处世等方面对后世子孙进行教育，对琅琊王氏家族的绵延、子女的教育、人格的发展、道德的维系等起了举足轻重的作用。琅琊王氏在魏晋南北朝近四百年间，人才辈出，孝友传家，与此有着密切关系。

一、五条遗令，立身之本

王祥在对子孙的遗令中正式以家训的形式对后世子孙的立身行事提出了五点要求，对琅琊王氏后人的品行和性格形成产生了很大影响。《晋书》记载王祥遗令云：

> 夫言行可覆，信之至也；推美引过，德之至也；扬名显亲，孝之至也；兄弟怡怡，宗族欣欣，悌之至也；临财莫过乎让：此五者，立身之本。

王祥这五条遗令与西晋初年的六条用人标准基本吻合。司马炎在做皇帝前夕，向各郡的中正官传达了六条推举人才的标准：

> 一曰忠恪匪躬，二曰孝敬尽礼，三曰友于兄弟，四曰洁身劳谦，五曰信义可复，六曰学以为己。

王祥的家训第一条是对做人方面的要求，他把“信”作为立身处世的第一要务。王祥强调，做人要恪守信用，言行一致，表里如一，有始有终，要求子孙出门与人交往时要诚信对人，言出必行。对个人来说，“信”是为人处世之本，正所谓“人而无信，不知其可”，诚信是“修身、齐家、治国、平天下”的基础。诚信是人际交往时必须遵循的首要道德标准，只有诚实守信才能获得别人的信任，从而与他人建立起良好的人际关系，赢得他人的尊敬和信赖。因此，杨泉曾说：“以信接人，天下信之；不以信接人，妻子疑之。”一个不讲诚信的人无法建立起值得信赖与依靠的人际关系，自然也就无法在社会上立足。对统治者而言，“信”也是立国治国之本，统治者如果不讲信用，老百姓就不会守信。孟子把“朋友有信”与“父子有亲、君臣有义、夫妇有别、长幼有序”并列为“五伦”，把“信”和“仁”“义”“礼”“智”并列为五常，作为最基本的伦理关系和道德规范、道德品质。儒家学者反复强调“主忠信”“谨而信”“言必信，行必果”。

对于此条家训，王祥的后人铭记在心，一直身体力行。南朝梁代的王志信守承诺、老成持重，做什么事情都依法依理、有规有矩，人们对他非常信任。他担任东阳太守时，郡中监狱有十几个重罪囚犯，冬至这天，王志释放他们回家过节，犯人们“过节皆返，惟一人失期”。狱吏将此情况报告给了王志，王志说：“这是太守的责任，你们不要担忧。”第二天一早，那个重犯果然自己回来了，向狱吏报告说，因为老婆有孕在身，他需要安排处理很多事情，所以延迟了。王志的兄弟子侄皆笃实谦和，被当时人尊为长者，很好地践行了王祥“言行可覆”的诚信之道。

第二条“推美引过”是对子孙德行方面的要求。王祥要求子孙谦逊低调，在与人交往时把美德推给别人，把过错归在自己身上；做人做事要有担当，把荣誉和成绩让给他人，勇于担当过失和责任。这种“推美引过”的美德，在琅琊王氏家族中代代相传。

王导是东晋的开国名相，对于东晋王朝的建立与稳定发展功莫大焉，有“江左管夷吾”之称。晋元帝司马睿缺少才能和声望，在晋皇室中地位不高，他能够取得帝位，主要依靠王导的支持、谋划和辅佐。晋元帝对王导非常感激和信任，把他比作汉代的萧何。但王导一直谦逊低调，对天子始终保持敬畏之心，有时甚至有意抬高皇权的声威。大兴元年（318年），司马睿即皇帝位，建立东晋。在接受百官朝贺时，司马睿拉着王导的手再三请求他与自己同坐御床受贺。面对这份前无古人的荣宠礼遇，王导诚惶诚恐，他固守君臣的名分，再三辞让不敢当，说道：“如果让太阳与地下万物一起发光，臣下又怎么瞻仰太阳的光辉呢？”司马睿这才不再勉强他。

王导的玄孙王僧虔也是很好的典范，他历经南朝宋齐时期的政权更迭而屹立不倒，成为每一位皇帝的座上宾，深受皇帝宠信，而且往往位居要职。南朝宋齐的皇帝多喜欢书法，有着较高的书法造诣，王僧虔是当时富有才华且又擅长书法、书名远播的书法家大臣，因此经常被皇帝作为比较的对象。宋文帝刘义隆对王僧虔的书法十分欣赏，经常召他挥毫写字。后来的宋孝武帝刘骏也喜欢书法，但他心胸比较狭窄，对自己的书法自视甚高，总想找机会压过王僧虔。王僧虔深深懂得书法中的“藏锋”之道，从不恃才傲物，为了不刺激孝武帝招致忌恨，他甚至经常使用秃笔、坏笔写字。孝武帝看了他的字，以为自己的书法比他更胜一筹，便不再对他耿耿于怀了。有一天，齐高帝萧道成书兴大发，诏王僧虔上殿与他比试书法。萧道成说："我们今天书写同样的字，看谁写得最好。"王僧虔面露难色，但君命难违，他又不想输给皇帝。于是，他挥毫落纸如云烟，将自己的才能充分发挥出来。二人书写完毕，萧道成令人将他俩的书法挂在朝堂，问王僧虔："咱俩人的书法，谁写得最好？"这个问题非常刁钻，如果说皇帝的书法不如自己，会使皇帝难堪；如果说皇帝的书法比自己的好，是违心之言，也有欺君之嫌。王僧虔环顾了一下围观的大臣，巧妙地回答："陛下的书法在皇帝中最好，臣下的书法在群臣中最好。"萧道成听后，并未生气，反而引以为豪。王僧虔的巧妙回答成为千古传颂的佳话。

王僧虔的儿子王志为人淳厚，为官清正，体恤百姓，深受百姓的拥护和爱戴。宣城郡中的张倪、吴庆两人争夺一块地，官司打了多年一直没有得到解决。王志被任命为宣城内史，刚一上任，郡里的父老就讨论说："王府君有德政的美名，我们这里竟然还有这样的争执，实在有损他的声誉。"张倪、吴庆两人听了，也很惭愧，一起去王志那里请罪，他们谁都不肯再要那块地，结果往日争夺得不可开交的土地变成了闲田。王志为官期间，从不因为过失犯错弹劾他人。门客曾经将王志的车偷出去卖钱，王志知道了也不去追究，权当不知情，仍像当初一样对待他。对于门下的宾客，王志经常忽略他们的过失而称扬他们的好处。

第三条是提倡孝道，将对父母的孝亲美德扩展到建功立业，为家族增添光彩，让家人引以为荣。孝有大小，孝敬父母只是小孝，提高修养、建功立业，以此彰显父母的养育教诲之德才是大孝。子女对父母的孝，不应局限于养亲敬亲、尊老爱幼，而应延伸到能将这种孝行精神发扬光大，光宗耀祖，建功立业，完成父母的遗志上。王祥把"扬名显亲"当作孝的最高境界，激励子弟立志向上，走出家庭，去寻取功名，报效国家。这便把孝行从传统的个人小家庭中解放出来，将传统意义上的尽孝往往不能尽忠、忠孝不能两全的矛盾双方作了有机统一。只要有利于“扬名显亲”，哪怕远离双亲也是孝的表现。当然，在“扬名显亲”之时，切不可忘记家中父老。由于王氏家训寓“忠”于“孝”，非常有利于族人博取功名。据统计，在魏晋南北朝时期，仅在《晋书》《宋书》等史书上有名可考的王氏族人便有二百九十余人，除隐居不仕、早卒、嫁于他族或无事迹记载者外，共有二百零七人踏入仕途，且大多居于要职，真正做到了“扬名显亲”。

对于一个家族来说，孝就是一条无形的精神纽带，使得家族内部长幼有序，父子笃、兄弟睦、夫妇和，将家族所有成员有序而紧密地联结在一起，继承先人之志，光大先人之业，使家族繁衍不息。王祥由“孝”入仕，后官至三公，他提出的“扬名显亲，孝之至也”被家族子弟争相效仿，奉为琅琊王氏家族精神的核心，不断流传下去，感染着一代又一代琅琊王氏人。

除了“孝圣”王祥，琅琊王氏的后代还有很多至孝之人，留下了许多感人泪下的守孝故事。王裒因痛父非命，终身不就征辟；王华“以父存亡不测，布衣蔬食不交游，如此十余年”；王僧祐因“居丧至孝，服阕，发落略尽”；王训因父丧哀伤过度而亡。孝一直是琅琊王氏家族子弟世代相传的家风，成为王氏在近四百年的风云变幻中始终立于不败之地的法宝。

第四条王祥将原指兄弟之间的“悌”，扩展为宗族内部要和睦相处，互帮互助。兄弟团结，家族和睦，这样整个家族才能绵延不绝、欣欣向荣。清代理学大家孙奇逢在《孝友堂家训》中所写的“父父子子，兄兄弟弟，元气团结而家道隆昌”，与王祥所说的“兄弟怡怡，宗族欣欣”异曲同工。家庭的团结和睦对于一个家族的延续和兴旺具有重要的意义。孝悌之道是一个家庭立足、和睦、延续的根本，一个大家族如果能够父慈子孝、兄友弟恭、妯娌相能、宗族和睦，就会生机盎然，绵延不绝。南宋名臣谢采伯指出“孝悌之至，通于神明，是以自天佑之”，说的也是这个道理。他认为琅琊王氏多孝悌之举，故后世子孙众多，枝繁叶茂。

这种以“孝悌”之义为基础的家风已经融入琅琊王氏子孙的文化基因，琅琊王氏阖门孝睦，南渡的王氏子弟依旧保持着祖上的训诫。《全晋文》所收录的文书中关于王氏“孝悌”的记载很多。王导之子王悦“事亲色养”，王恬与王荟兄弟情深，王徽之愿意替代弟弟王献之而死，王僧虔悉心培养侄子王俭，正是对王祥这一家训的坚守。

第五条是对待钱财的态度。王祥告诫子孙：对财富不要贪婪，面对财物要相互谦让，生活上要清廉俭朴。琅琊王氏重视家族子弟的廉洁教育，所以家族子弟当朝理政时，也都像治家一样清廉守法。家族成员虽然有许多人身居高官显位，但他们不以财富为人生追求的目标，从不以权谋私，能够清廉自律。廉俭作为琅琊王氏家族的家风，被后人继承了下来。

王祥高洁清素，虽位居三公，但“家无宅宇”；王戎、王衍各有增益家财数百万的机会，但他们毫不动心。王导、王弘、王俭等人，虽然身居高位，但始终保持清廉俭朴的生活。王导“简素寡欲，仓无储谷，衣不重帛”；王俭一生没什么嗜欲，“唯以经国为务，车服尘素，家无遗财”；王弘“虽历藩辅而不营财利，薨亡之后，家无余业”；王弘之弟王昙首在兄弟分家时，只拿图书，对于财物分文不取，“非禄赐所及，一毫不受于人”。琅琊王氏族人王琨、王镇之为官清廉自守，被皇帝特意任命为广州刺史。《南齐书·王琨传》记载：“南土沃实，在任者常致巨富。世云：广州刺史但经城门一过，便得三千万也。”为革除岭南弊政，朝廷特意任命有着廉俭家风的琅琊王氏子弟王琨、王镇之担任广州刺史，希望他们能给广州官场带去清廉的风气，改变过去人们对岭南历任刺史皆贪污受贿、中饱私囊的印象。二人皆清廉正直，经受住了金钱的考验。王琨在任上不仅不义之财分文不取，还上表献上一半的俸禄。王镇之在任上不接受俸禄，离开广州时，所带物品和初至广州时一样。

通过这五点，我们可以发现，王祥家训意在维护家族内部的和谐，维持和提高家族的名望和地位。从王祥开始，以“孝悌”为基础的王氏门风逐步确立下来。之后的王氏子弟在立身行事时，无不遵循着王祥定下的家规，即使有时会有所发展或改变，也始终不忘其精髓。

二、寄言家训，道德完善

魏晋南北朝时期，政局的动荡，社会的混乱，使士人们一反东汉以来的忠君世风，而把主要精力倾注在对家族利益的百般呵护和对家庭门户的惨淡经营上，并把自己的理想与追求内化在对子孙的殷切期盼和谆谆教诲之中。这一时期不少士人把追求道德理想的途径转移到对后世子孙的教育上，通过撰述家训来实现对道德的追求与自我完善，以重礼教化为主要内容的“家诫”“家训”盛行于门阀士族的家风文化中。这一时期不仅出现了《颜氏家训》这样的集大成之作，而且产生了诸如诸葛亮《诫子书》、嵇康《家诫》、羊祜《戒子书》、陶渊明《与子俨等书》、王僧虔《诫子书》、徐勉《戒子崧书》、魏收《枕中篇》、王褒《幼训》等一大批具有较大社会影响的家训典范。

这些家训不仅从一个重要侧面折射出魏晋时期的社会风貌，而且在很大程度上客观真实地反映出魏晋士人的心声及人生价值取向。这些家训透露出在三国两晋南北朝这样充满动荡和纷争的社会中，士人们对道德人格的固守和秉承，对家族责任的背负，对国家、民族命运的担当。他们通过家训昭示子孙，不能只看到自己的利益而置道德理想于不顾，置国家民族发展的历史重任于不顾，即使身逢乱世，也可以通过个人道德的完善，实现自己的价值追求。越是身处乱世，越能明辨个人品德之高下；越是在乱世，越需要文化的传承与思想的火花。因为身处乱世的士人更需要坚定的理想信念作为精神支撑，才能够定其心以应天下之变。

魏晋南北朝文人在家训中经常真实地表达他们的道德信念以及自己对理想人格的追求，为子孙树立修身典范与道德楷模，并结合自己的人生经验对理想人格进行具体阐释。孔孟所追求的理想人格给后世文人以无穷的精神动力，是儒家进取精神的重要表现。魏晋南北朝文人在家训中建构理想人格，既是对孔孟理想人格自觉的传承，也是训诫子弟的必然要求。他们撰写家训之根本目的，即是对子弟进行立身、治学、处世的训诫，以完善其人格，助其成就功业。

自从汉代“罢黜百家，独尊儒术”以来，儒家积极入世的精神影响了一代又一代的中国传统文人，使之具有以天下为己任的责任感、积极入世的进取精神、勇于承担国家和社会责任的使命感。如《论语 · 泰伯》中曾参所言“士不可以不弘毅，任重而道远”的精神代代传承。魏晋时代，虽然由于社会的动乱等诸多原因导致儒学衰微，但是士大夫阶层中的代表人物，仍然希望通过自己的努力实现远大的政治抱负。坚守道德信念，具有严格的道德自律精神，是建构其理想人格的必要条件。人生在世必然会面临诸多诱惑，无论出仕还是隐居，只有坚持自己的处世原则与立场，才能进退自如。

魏晋南北朝时代是中国历史上一个混乱复杂的时代，但无论朝代如何更迭，政局如何变幻，在士大夫阶层中自有一批立场明确、信念坚定的知识分子，他们坚守自己的道德准则，执着追求自己的理想，用自己的一生去实践其理想人格。由于所处具体时代氛围的不同、政治环境的差异与个人际遇的不同，他们实践其理想人格的途径与表现方式也有所不同。

魏晋时代甚至是整个封建社会，士大夫阶层时常会面临这样的两难选择：是降低自己的原则立场适应世俗社会以获取高官厚禄，还是坚持自己的道德准则，保持独立的人格？在理想与现实的激烈冲突中，他们始终没有放弃对理想人格的追求。魏晋南北朝时期有不少文人士大夫，在其家训中保持着对理想人格的追求、对道德信念的坚守，但面对残酷的社会现实，为了适应现实社会的生存法则，他们又不得不与现实社会妥协，形成自己的复杂人格。他们在实践中将儒家的道德完善与老庄的生存智慧结合起来，一方面加强道德的自我完善与理想人格的实践，另一方面又谨言慎行。

诸葛亮、嵇康、颜之推等人的家训名篇及其对理想人格的建构与实践昭示了人们对道德信念的坚守，影响到后世一代代文人。宋代文人的典型代表范仲淹提出的“先天下之忧而忧，后天下之乐而乐”的人生理想，明末清初思想家顾炎武倡导的“天下兴亡，匹夫有责”的爱国热忱，都体现了中国传统文人以天下为己任的历史使命感与社会责任感，与魏晋文人所追求的理想人格一脉相承。

家训是一个家庭或家族成员共同遵守的行为规范和道德准则，良好的家训是一个家庭或家族的核心价值观，集中体现了一个家庭或家族的精神风貌。家训是中国传统社会家庭教育的主要内容和形式，是中国传统社会意识形态的家庭化与通俗化，它将道德品格教育融入文化教育之中，在培育良好家风方面发挥了重要作用。琅琊王氏家族能够成为一个享有盛誉的文化望族，簪缨相继，人才辈出，家风家训潜移默化的涵养是重要原因。

孟子云：“天下之本在国，国之本在家，家之本在身。”家风正，则民风淳，世风清。习近平总书记指出：“家庭和睦则社会安定，家庭幸福则社会祥和，家庭文明则社会文明。”习近平总书记多次强调：“家风好，就能家道兴盛、和顺美满；家风差，难免殃及子孙、贻害社会。”

历史和现实告诉我们，家庭的前途命运同国家和民族的前途命运紧密相连。我们要认识到，千家万户都好，国家才能好，民族才能好。在大力倡导建设优良家风的今天，王祥身上所展现的中华优良家风传统，依然闪耀着熠熠光辉。在推进中华优秀传统文化创新性发展和创造性转化的进程中，不能忽视家训家风这一优良传统。

琅琊王氏在西汉中期开始崛起，并在魏晋时期得到长足发展，在东晋立国之初发展成为江左第一门阀，这其中最核心的力量就是家族文化。正如钱穆在《国史大纲》中所言：“一个大门第，绝非全赖于外在权势与财力，而能保泰持盈达于数百年之久……当时极重家教门风，孝悌妇德，皆从两汉儒学传来。诗文艺术，皆有卓越之造诣；经史著述，亦灿然可观；品德高洁，堪称中国史上第一、第二流人物者，亦复有多。”魏晋南北朝时期，琅琊王氏作为最大的簪缨世家，其家族文化既内涵丰富，又特色鲜明。琅琊王氏非常重视家族文化的传承与发展，在培养家族子弟方面，追求家族子弟的多方面发展。

钱穆先生在《略论魏晋南北朝学术文化与当时门第之关系》一文中指出：“今所谓门第中人者，则在上有贤父兄，在下有贤子弟。若此二者俱无，政治上之权势，经济上之丰盈，岂可支持此门第几百年而不弊不败？”那些文化底蕴深厚的家族，即使偶尔遭遇政治挫折，但因其代有人才，因此可以世代兴盛，绵延不绝，琅琊王氏家族就是如此，在人才上比其他几个高门士族有明显的优势。受家学的影响，王氏子弟多能努力向学。加上他们有优裕的生活，充足的时间，丰富的典籍，家学的熏陶，故容易有所成就，因而名人辈出。王氏家族用信、德、孝、悌、让的精神教化后人，使子弟养成良好的人格品质。他们注重对子弟多方面学识修养与为官技能的培养，王氏子弟多能精通儒学、玄学、佛学等学说，既能明经通礼、完善朝制，又能玄谈肆意，追求人生真谛，还多才多艺，精通琴、棋、书、画、诗歌、园林等多种艺术门类，能够取得多方面的文化成就。王氏子弟之中固然也有庸庸碌碌之辈，但从总体上看，他们大多是当时的文化精英，引领整个社会的文化风尚。

一、书法世家，代有才人

琅琊王氏家族成员大多擅长书法，并且形成自己的书法传统，世代相传，绵延不绝，魏晋南北朝时期最具代表性的书家和书品很多都出自这一家族。在王氏家族书法传统的基础上，家族子弟经过多方面的变革，这一时期更是出现了以王羲之等为代表的杰出人物，创造了足以体现时代文化精神的艺术精品。王羲之《快雪时晴帖》、王献之《中秋帖》与王珣《伯远帖》成为代表中国书法艺术最高水平的书法字帖，被酷爱书法的乾隆皇帝誉为“三希帖”。琅琊王氏在书法艺术上所创作的辉煌不仅是家族的骄傲，也是中国书法史上的骄傲。

从现存资料来看，魏晋时期的琅琊王氏就在书法方面取得了一定成就，如“竹林七贤”之一的王戎和玄学清谈领袖王衍均以行草著称。在书体当中，草书的任意挥洒、不拘形迹，最与玄学名士的人生观相合，也最能体现书写者的个性。至东晋时，琅琊王氏在书法方面的成就达到登峰造极的境界。

作为琅琊王氏的主流，王导一支在书法艺术领域中表现突出。王导本人在书法方面很有造诣，《宣和书谱》载：“导善作字，规模前人，初师钟繇、卫缙，力学不倦。”王导在东迁之时，把钟繇的《宣示表》缝入袖中，并发誓“帖在人在，帖亡人亡”，足见其对书法的热爱。王导诸子均善书法，如王恬“工于草隶，当世难与为比”，王劭善草书，王荟善行书。而在诸子中，王洽的书法成就最高，其书兼善众体，隶、行、草尤工，承继王导书风，下笔有新意。王洽与从兄王羲之承继古法又脱去古体，予以创新，变章草为今草，韵媚婉转，大行于世。可惜王洽早卒，但他的儿子王粦、王珉承其家学，在书法方面有很深的造诣。王粦善行书，王珉兼善隶书、行书、草书。

对于王氏家族的书画传统而言，王廙是一个关键性人物。他书法精湛，《宣和书谱》称其“作草隶、飞白得张芝、卫瓘遗法。自王羲之过江前，廙号为独步”。他鲜明地提出“书乃吾自书”的书法艺术理论，强调书法艺术创作必须有鲜明的个性，要“自成一家”。所谓个性，也就是艺术上的创新。这一观念为琅琊王氏家族的书法教育打下了重要的理论根基，促使后世子弟在艺术上不断求新求精，别创其法，形成独特的王氏书法魅力，使王氏书法在两晋南朝的书坛上长期独领风骚。

王羲之是琅琊王氏书法艺术的代表性人物。他官至右军将军、会稽内史，因此世称王右军、王会稽。王羲之七岁时，就开始在卫夫人的指导下学习钟繇的楷书。因此，王羲之少年时就以书法知名于世，《晋书》本传称他“尤善隶书，为古今之冠，论者称其笔势，以为飘若浮云，矫若惊龙，深为从伯敦、导所器重”。王羲之广泛地研习李斯、钟繇、蔡邕、张昶等著名书法家的作品，他的书法兼善隶、草、楷、行诸体。他深受叔父王廙“自成一家”书法理论的影响，不遵一家之法，博学广览众多名家之作，在博采众家之长的基础上，又能精研体势，心摹手追，纵横变化，推陈出新，最后形成自己的风格。他对草书和行书进行创新，由此开创了妍美俊健的新书体，达到了“贵越群品，古今莫二，兼撮众法，备成一家”的高度，开一代之风。

王羲之书法的总体风格平和自然，笔势委婉含蓄。与两汉、西晋相比，王羲之书风最明显的特征是用笔细腻，结构多变。王羲之最大的成就在于增损古法，变汉魏质朴书风为笔洁精致、美轮美奂的书体。王羲之的书法风格多样，草书浓纤折中，正书势巧形密，行书遒劲自然。总之，他把汉字书写从实用引入一种注重技法、讲究情趣的境界，实际上这是书法艺术的觉醒，标志着书法家不仅能发现书法之美，而且能表现书法之美。王羲之的书法既能表现以老庄哲学为基础的简淡玄远，又能表现以儒家中庸之道为基础的冲和之美。王羲之的代表作《兰亭集序》被誉为“天下第一行书”，其中有二十多个“之”字，写法各不相同。在中国书法史上，王羲之被尊为“书圣”，与其子王献之合称“二王”。在从南朝到唐代的各种书法论著中，他的作品均被评为“上之上”“第一等”“神品”等最高品位。王羲之的书法艺术对后世影响极大，从隋朝开始，经唐、宋、元、明、清，一直到现在，几乎所有杰出的书法家都不同程度地受到王羲之书法艺术的滋养。

王羲之非常喜欢鹅，认为鹅性情温顺，羽毛洁净，体态优美。王羲之经常观察鹅的各种体态，在书法的用笔取势上受到许多启发。会稽有一个老妇人养了一只鹅，叫得声音很动听。王羲之想把这只鹅买来，却没能如愿，就带着亲友前去观看。老妇人听说郡守将至，就把这只鹅宰了想好好招待他，王羲之知道后叹息不已。山阴有个道士养了一群好鹅，王羲之前去观看之后，非常喜欢，想把鹅买下来。道士说：“你要是肯给我写一部《道德经》，我可以将这群鹅送给你。”王羲之慨然允诺，为道士写了一天的《道德经》，终于得到整群鹅高兴而归。

王羲之不仅在书法艺术上取得了巨大成就，而且具有强烈的政治使命感和历史担当。他为官期间，曾经在灾荒时力排众议、开仓济民，能够体恤百姓的艰辛，关心民瘼。据说有一天，王羲之到集市上转悠，看到一个老婆婆拎了一篮子六角形的竹扇在集市上叫卖。那种竹扇是她自己编织的，做工非常简单，也没有什么字画装饰，难以引起人们的注意。王羲之转了几圈，发现老婆婆的扇子没有卖出去一把，她十分着急，也非常难过，因为家里还等着用她卖扇子的钱买米呢。王羲之看到这种情形，很同情她，就上前跟她说："我有办法能帮你卖掉扇子，还能保你卖出一个好价钱。我只需要在每把扇子上题写几个字。"老婆婆不认识王羲之，见他这样热心，将信将疑，就抱着死马权当活马医的心态把竹扇交给了他。王羲之提起笔来，在每把扇面上龙飞凤舞地写了几个字，随后还给老婆婆。老婆婆不识字，更不懂得欣赏书法，只是觉得他写得太潦草了，很不高兴。王羲之安慰她说："你先别着急。你只要告诉人们，扇子上的字都是王右军亲笔写上去的，一把扇子就可以卖到一百文钱。如果卖不掉，扇子我全部包了；如果卖出去，赚到的钱都归你。"老婆婆想，反正也没有更好的办法，事已至此，就抱着试试看的心态照他的话做了。王羲之的书法字体清新，气韵流畅，深受文人喜爱，但他有一个特点，就是轻易不肯给人写字，可谓一字难求。集上的人一看老婆婆扇子上的字真是王右军的手迹，都抢着来买扇子，一会儿工夫一篮子扇子全卖完了。

王羲之将自己长期积累的宝贵经验悉数传给儿子，他的儿子都擅长书法，玄之善草书，凝之工草隶，徽之善正草书，操之善正行书，涣之善行草书，献之则称"小圣"。黄伯思《东观余论》总结王羲之各子的特征云："王氏凝、操、散、涣之四子书，与子敬书俱传，皆得家范，而体各不同。凝之得其韵，操之得其体，徽之得其势，涣之得其貌，献之得其源。"在王羲之的七个儿子中，王献之年纪最小，但成就最大，他与父亲并称为"二王"。王献之与父亲一样，少负盛名，才华过人，气度不凡。他曾与兄长王徽之同住一个房间，夜间室内忽然起火，王徽之吓得急忙逃避，慌乱中连鞋也来不及穿；王献之却神色安详，处变不惊，镇定自若，像往常一样从容地走出来，表现了一种临危不乱的气度。

在王羲之的谆谆教诲之下，王献之孜孜不倦地练习，书法水平大有长进，后来终于成为举世闻名的书法家，赢得了与父亲并列的艺术地位和声望。王献之以行书和草书闻名于世，在楷书和隶书上亦有深厚功底。王献之又能遵循“事贵变通”的原则，在艺术风格上进行大胆创新，形成自己的个性。王献之在继承父亲今草的基础上，变其上下不相连之草为相连之草，往往一笔连贯数字，从而创制了一种新的草书体——“一笔书”。他的书法气势豪迈宏伟，别为一体。所以，当谢安问王献之：“你的书法与令尊大人相比，怎样？”他坦然地回答：“当然不同，我们各有所长。”

王羲之父子之后，琅琊王氏在书法艺术上仍然代不乏人。王昙首善作草书，“其作草字，虽未足以与古人方驾，要之是一代宗臣”。王僧虔擅长隶书，是宋齐之间影响最大的书法名家，南朝梁代文学家、书法理论家庾肩吾在《书品论》中称其“雄发齐代”。王僧虔的书法承其祖王羲之、王献之笔意，丰厚淳朴而有骨力。墨迹有《王琰帖》《御史帖》《陈情帖》等传世。另有书法论著《论书》《笔意赞》，在中国书论史上占有重要地位。

王僧虔的子孙大多自幼练习书法，其子王志“善草隶，当时以为楷法”，王彬“三真六草，为天下宝”，其孙王筠“尤工行书”。王褒自幼跟随姑父萧子云学习书法，擅长草书，后来他将南朝的书风带至北周，对北朝的书法艺术产生了巨大的影响。

王羲之的七世孙释智永，幼年出家，后来云游到浙江省吴兴县善琏镇，在永欣寺里住了整整三十年，人称“永禅师”。他是个严守家法的大书法家，对远祖王羲之的书法十分钦佩。他在永欣寺里深居简出，不受世事干扰，潜心练习书法。他每天天一亮就起床，磨上一大盘墨，然后临摹王羲之的字帖，几十年从未间断。他在屋里准备了大瓮，练字时，笔头写秃了，就取下丢进瓮里。天长日久，破笔头竟积攒了十几瓮。后来，他在窗前的空地上挖了一个深坑，把这些破笔头埋起来，砌成坟冢，人称“退笔冢”。经过长期坚持不懈的刻苦练习，智永的书法终于体兼众妙，形成了自己的风格，成了我国著名的书法家。前来求他写字和题匾的人非常多，时间长了，永欣寺的木门槛都被踏破了，只好用铁皮把门槛裹起来，人们就笑称“铁门限”。他晚年曾以当时的识字教材《千文字》为内容，用真、草两体临摹了一千多本，从中挑选最满意的八百本，分送给浙东的各个寺院。直到如今，智永的《千文字》墨迹和刻本还被视为学习书法的经典教材。智永对后世书法影响深远，他创立的“永字八法”，为后代楷书立下典范，至今仍是书法爱好者的入门基本功。

琅琊王氏能够成为名声盖世的书法世家，一方面与其家族世代对书法艺术的文化积累密不可分，这种积累包括名帖、技法、艺术精神等内容；另一方面与其家族注重对子弟的书法教育和培养密不可分，这其中又同母教有很大关系。王氏家族联姻的都是具有良好文化修养的世家大族，据陶宗仪《书史会要》记载，东晋女书法家有卫夫人、王羲之的妻子郗璇、王洽的妻子荀氏、王凝之的妻子谢道韫等十人，她们同样出于书法世家，在对王氏后代的书法教育上发挥了重要的影响。

琅琊王氏的书法传统对后世子孙产生了深远的影响。后世子弟普遍把书法作为家传技艺，刻苦练习。一直到今天，在“书圣”的故里山东临沂孝友村，王姓族人都有一种普遍的心态：姓王，字写不好，怪丢人。尤其是出远门，都不好意思说自己姓王，还是临沂人。

二、“人人有集”，“文才相继”

钱穆先生在《略论魏晋南北朝学术文化与当时门第之关系》中说：“当时门第传统共同理想，所希望于门第中人，上自贤父兄，下至佳子弟，不外两大要目：一则希望其能具孝友之内行，一则希望其能有经籍文史学业之修养。此两种希望，并合成为当时共同之家教。其前一项之表现，则成为家风。后一项之表现，则成为家学。”文学传统为门阀士族家学的重要内容。作为六朝士族之首的琅琊王氏亦不例外，王氏家族自魏晋时期的王祥、王览兄弟至南朝之末世系绵延十一代，文学传统是其家族文化传统的重要内涵。琅琊王氏遵循“学而优则仕”的道路，非常注重对家族子弟文学素养的培养。

钟陵在《文学史新方法论》中认为：“文名与家声紧紧地结合着，文名广延则易于得仕。”因此，琅琊王氏为了维护其家声，非常注重培养家族子弟的文学素养，取得了相当好的成绩和声望，而这些又反哺了家族文学教育，使琅琊王氏在魏晋南北朝时期一直处于文坛的顶端。因此，琅琊王氏偏重文学浸染，取得了璀璨的文学成就，如王导、王敦、王廙、王胡之、王羲之、王彪之、王洽、王肃之、王徽之、王献之、王珣、王韶之、王弘、王昙首、王裕之、王微、王僧谦、王僧绰、王僧达、王俭、王融、王僧祐、王锡、王暕、王筠、王籍、王训、王褒、王胄等。其中王融更是被誉为“一代文宗”，他创立了一代新诗风——永明体。

琅琊王氏为了能够获得更大的名声，非常注重对家族子弟进行文学方面的教育，培养出了一大批才华横溢的文学家，从而形成了“人人有集”“文才相继”的琅琊王氏文学传统。南朝著名文学家王筠在《与诸儿书论家世集》中自豪地向儿孙们总结家族的文学盛况：

> 史传称安平崔氏及汝南应氏，并累世有文才，所以范蔚宗云崔氏“世擅雕龙”。然不过父子两三世耳；非有七叶之中，名德重光，爵位相继，人人有集，如吾门世者也。沈少傅约语人云：“吾少好百家之言，身为四代之史，自开辟已来，未有爵位蝉联，文才相继，如王氏之盛者也。”汝等仰观堂构，思

各努力。

根据《隋书·经籍志》《旧唐书·经籍志》和《新唐书·艺文志》等文献的记载，琅琊王氏家族有文集者三十二人，近四百卷作品，如王导十一卷、王廙文集三十四卷、王羲之十卷、王韶之二十四卷、王褒二十一卷等。除此之外，虽无文集但有文学作品流传于世的琅琊王氏家族子弟更是数不胜数，足以体现琅琊王氏在文学方面取得的突出成就。两晋时期王氏子弟通过自己的诗文创作在玄言诗风的革除、山水文学的发展等方面都起到了积极的作用。

除了有文集者，在王氏家族子弟的史传中，也有对他们文学才能的诸多记载。王导“善于斟酌，有文章才义”，有文集十一卷，存文二十一篇，主要是疏、表、书之类。《请修学校疏》一文可谓东晋疏文的代表，《遗王含书》《与从子允之书》皆为情真意挚的抒怀之作，动之以情，晓之以理。王廙“少能属文，多所通涉”，是东晋第一代琅琊王氏子弟中文学才华最高的，今存有《中兴赋》《白兔赋》。

王羲之也擅长诗文，为东晋文坛执牛耳者，但其文学成就被其书法之名所掩盖。王羲之现存著作有辑本《王右军集》，其书札有远见卓识，“诚东晋君臣之良药”。东晋穆帝永和九年（353年）三月三日，王羲之和当时名士谢安、孙绰以及王、谢子弟等四十一人在兰亭集会，饮酒赋诗，各抒胸怀，事后他将这些即兴诗作编录为《兰亭集》，并“自为之序以申其志”。一篇《兰亭集序》流传千古，既是书法名作，也是文学名篇。

《兰亭集序》不仅是一般意义上的书序，更是我国文学史上一篇立意深远、文笔清新自然的优美散文。序中描绘了兰亭周围的山水之美，记叙了集会的盛况和乐趣，抒发了好景不长、生死无常的感慨，探求了生命的价值和意义，引发一种关于珍惜时间、眷恋生活、热爱生命的思考。全文可分前后两个部分。前一部分在诗情画意的写景与饮酒取乐、临流赋诗的叙事中表达出作者平静、闲适的情感。后一部分笔锋一转，变为抒情、议论，由欣赏良辰美景、流觞畅饮，而引发出乐与忧、生与死的感慨，作者的情绪由平静转向激荡。但到篇末，经过理性的思辨，作者的情绪又趋于平静。他感到人事在变迁，历史在发展，由盛到衰，由生到死，都是必然的。正因人生无常，时不我待，所以人们才要保持积极进取的生死观，他才要著文章留传后世，以承袭前人，启示来者，这正是作者编纂《兰亭集》并为之作序的目的，由此表明了作者的深远立意。千百年来，后世读者不断从这篇序文中得到启迪，产生共鸣，认识到死生问题的重要性，进而树立正确的生死观、人生观、价值观。

《兰亭集序》的文笔清新流畅，朴素自然，在骈文风行的魏晋时期犹如一股清流。作者不拘成法，用洒脱流畅、朴素简洁、极富表现力的语言写景、叙事、抒情、议论，充分体现了作者散文的个人风格。文中使用的“群贤毕至”“崇山峻岭”“天朗气清”“游目骋怀”“情随事迁”等词语，清新自然而又灵动恰切、朗朗上口，极大丰富了文学语言宝库，这些词语被后人当作成语广泛运用，从而也奠定了《兰亭集序》在中国文学史上的地位。

王胡之善属文辞，为当世所重，喜作四言诗，与孙绰、谢安等同为东晋中期四言诗的代表作家。王彪之诗歌风格复杂多变，《登会稽刻石山诗》基本已是形象完整的山水诗；《与诸兄弟方山别诗》残篇以情动人，充分体现了兄弟离别的无奈与难舍；《游仙诗》及《登治城楼诗》残篇则有玄言诗的风味。

王导之孙王珣“学涉通敏，文高当世”，以才学文章受知于晋孝武帝。王珣曾经担任桓温的属官，深得桓温的赏识。袁宏受桓温之命作《北征赋》时，王珣提出很好的建议，认为“致伤于天下”之句后面少了一句，如果用“写”字足韵，效果会更好。袁宏心领神会，立刻拿笔增加了一句："感不绝于余心，溯流风而独写。"《北征赋》后来成为脍炙人口的名篇，王珣发出"当今文章之美，故当共推此生（指袁宏）"的感慨。王珣曾在梦中遇到一个神人，给了他一支很大的笔，笔杆有屋椽那么粗。醒后，他感觉很惊异，对家人说："从这件事看来，我一定要成为大作家。"不久，晋孝武帝去世，哀册之类的文件，全部由王珣负责起草，文采很好。

王导的曾孙王诞年轻时很有才华，以才藻知名，经常与堂叔王珣探讨章句，令王珣赞赏不已。晋孝武帝去世，王珣为之写哀册文，但写了很久也没完成。王诞问他还有哪些地方没写好，他说："还差一个描述时节景物的句子。"并且拿出稿本给王诞看。王诞看后，立即提笔在文中的"秋冬代变"后加了一句："霜繁广除，风回高殿。"王珣叹赏这个句子非常清丽秀拔，于是就将其写进哀册文中。

王珣之弟王珉是一位"风情秀发，才辞富赡"的风流人物，他与嫂嫂的婢女谢芳姿相爱，二人情投意合。他借鉴江南民歌的手法与风格，创作乐府《团扇歌》记载自己与谢芳姿的爱情故事，该诗现收在《乐府诗集》中。王氏子弟的这些创作直接从民歌中汲取营养，既促进了南北文化的融合，又丰富了文人诗歌的表现内容与艺术手法，在诗歌发展史中起到了重要的作用。

南北朝时期，王氏子弟专注于文学者更多，在当时文坛上的影响力也大大增加。王导之子王洽的后人王昙首、王弘兄弟在当时以杰出的政治家知名，文学才能并不凸显。他们的后裔是琅琊王氏中最为贵盛的分支，也是文学成就最为突出的支脉。王僧达、王融、王僧绰、王俭、王褒、王僧虔、王楫、王筠、王胄等皆属此系，另外还有王弘之侄王微、王微之侄王僧祐及僧祐之子王籍，在当时皆以文学知名。

王僧达从兄王微少时好学，多才多艺，通晓音律，善诗工文，尤好古文。文风抑扬顿挫、以情动人，诗风清劲古健、不同流俗。钟嵘《诗品》将其列为中品，在序言中盛赞其“风月”篇是“五言之警策者也”。今存其五言诗四首，残句一则，五言诗以《杂诗》为代表，萧统《文选》中收录一首。另存文九篇，其中《与从弟僧绰书》《以书告弟僧谦灵》等，以文抒情，情真意切。

王僧达“少好学，善属文”，与诗人鲍照交好。其文多为对仗工整、讲究平仄的骈文。钟嵘《诗品》将其与谢混、王微、谢瞻、袁淑相提并论，置于中品，认为他们成就相当，风格近似。王僧达的诗文，一方面体现出刘宋初期雕琢词句、注重用典的骈俪文风，另一方面也反映出山水诗的兴盛。《七夕月下诗》为写景佳作，诗中以细腻的笔触描绘了七夕月下的清冷幽雅之美，烘托了牛郎织女相聚的短暂，总体风格较为古朴。他的诗中还有一些佳句，如《答颜延年》中“轻云出东岑，麦垄多秀色”之句，笔调轻灵，景色清新；《和琅琊王依古》中“仲秋边风起，孤蓬卷霜根。白日无精景，黄沙千里昏”等句，描写边塞风光，颇有苍莽之气。

王弘之孙王俭自幼勤奋好学，手不释卷。四五岁时，他曾经作诗表达远大志向：“稷契匡虞夏，伊吕翼商周。抚己愧前哲，裣衽归山丘。”据《南史》记载，他“手笔典裁，为当时所重。文集行于世”。王俭担任尚书令时，经常召集有才学之人在一起驰骋才情。他采用一种特殊的文学表现方式，每次指定一个美好的事物，让众人分别使用华丽的辞藻来赞美，并把这种方式命名为“丽事”。有一次，大家经过一番唇枪舌剑，都词穷了，庐江人何宪取得了最后的胜利，王俭赏赐他一块五色的席子和一把白团扇作为奖品。何宪坐在席子上，手里摇着扇子，非常得意。这时，秣陵县令王摛气喘吁吁地赶到，王俭把大家刚才的“丽事”记录递给他，故意询问道：“你能把奖品赢回来吗？”王摛抓起笔一挥而就，文意深奥，文辞华美，在座的人纷纷击节赞赏。王摛命令随行人员上前抽出何宪坐的席子，自己上前抢下何宪手中的扇子，登车而去。王俭笑着感叹道："这真是能力大，拿着就走啊！"大家都大笑起来。

王僧达之孙王融少时聪明机警，博览群书，才华出众，才思敏捷，"有所造作，椽笔可待"。未到弱冠之年，王融便被举荐为秀才。因此，在别人提到他那个七岁便能属文的神童外甥刘孝绰时，他经常自负地说："当今天下的文章，如果没有我的话，就数孝绰出色了。"王融与沈约、谢朓等人同为齐竟陵王萧子良的"西邸八友"，他与谢朓、沈约一样，在创作中讲究四声与平仄对仗，是永明新体诗的倡导者与实践者。他的文学作品代表了南齐时期琅琊王氏家族在文学上的最高造诣，被誉为"一代文宗"。

王僧虔之孙王筠"幼警寤，七岁能属文，年十六为《芍药赋》，其辞甚美"。他少年成名，颇受当时文坛领袖沈约的欣赏和推重。沈约认为"晚来名家，唯见王筠独步"，并以谢朓所说"好诗圆美流转如弹丸"的标准来称赞王筠的诗歌。王筠的文学创作活动与萧梁立国相始终，在文学史上具有重要的地位。他曾经担任昭明太子萧统的属官，是昭明文人集团的重要成员，他的命运也随着梁代政治的变迁而时有起落。在昭明太子府中任职时，他常和当时著名的文人刘孝绰、陆倕、到洽、殷芸等游宴酬唱。王筠现存文十八篇，体裁风格多样，文风平易自然。其诗歌题材丰富，有山水风景、宴乐唱和、友人赠答、游子思妇等，语言清丽，音声婉转，情感细腻，浅易动人。昭明太子去世后，萧纲被立为太子，王筠自东宫出守临海，人生走入低谷，诗风在圆转流美的追求上流露出"穷而后工"之貌。王筠勤奋好学，自称"少好书，老而弥笃，虽偶见瞥观，皆即疏记"。王筠晚年自编文集，以历任官职为集名，开创了文集体例史上的一个重要类型。王筠对文学史的一大贡献，就是确定了以仕历为断限，按任官顺序编定系列文集的体例，即"一官一集"体。他按照这一体例依此编成八部文集，包括《洗马》《中书》《中庶子》《吏部》《左佐》《临海》《太府》各十卷，及《尚书》三十卷。这种文集编撰体例突破了以往以文体类型为撰集标准的做法，以任官的时空线索编集作品，在一集之中及各集之间建构起作家的创作编年史，使文集成为作者一生居官为文之迹的记录，这是文集体例上的创新。

王褒是北朝的重要作家，对促进南北方文学交流与发展作出了重要贡献。他的一生可以江陵之战为界分为前后两期。前一个时期，他作为著名的世家大族琅琊王氏的后代，基本上走的是“平流进取，坐至公卿”的传统路线；后一个时期，他和朝中百官及数万百姓被俘入长安，过了二十多年的异国生活。王褒在经历了社会动乱、体验了人生的悲凉后，诗歌内容比过去充实了许多，风格也发生了很大的变化，写了不少关于边塞和征战等题材的乐府诗，对南国故土的深深思念成为其作品的重要内容，作品表现出浑成苍劲的风格，绝少绮艳靡丽之气。王褒的诗歌现存四十余首，多是到北方后所作，主要抒发羁旅之情、故国之思，描写边塞风情，风格雄健，如五言诗《渡河北》《关山月》等。王褒的作品中还有不少拟汉魏北朝乐府之作，如《从军行》《饮马长城窟》《出塞》《入塞》一类边塞诗歌呈现出金鼓铿锵的北音特色。王褒的诗歌富有一种浑融一体的气象，不像江左齐梁诗歌那样“竞一韵之奇，争一字之巧，连篇累牍不出月露之形，积箱盈案唯是风云之状”，而是将北国苍凉的边塞风光与复杂的内心世界紧密无间地交织在一起，充满了打动人心的真情实感。王褒的《燕歌行》标志着七言歌行体裁的成熟，在文学史上有着开拓性意义。

琅琊王氏家族中的女子在文学才情上，也是巾帼不让须眉。名门才女谢道韫是其中的突出代表。王羲之次子王凝之的妻子谢道韫，是东晋安西将军谢奕的长女，宰相谢安的侄女，自幼受到良好的教育。据《世说新语》记载，在一个大雪纷飞的冬天，谢安和子侄们围坐在一起，讨论可用什么事物比喻飞雪。谢安的侄子谢朗抢先答道："撒盐空中差可拟！"谢安还没有来得及进行评价，一旁的谢道韫不慌不忙站起来说："未若柳絮因风起！"这个比喻非常精妙贴切，受到众人的一致称赞。正是因为这个著名的故事，谢道韫与汉代的班昭、蔡琰等人成为中国古代才女的代表，而"咏絮之才"也成为后来人称许有文才的女性的常用词语，这段事迹亦被编入《三字经》。伴随着"蔡文姬，能辨琴。谢道韫，能咏吟"之句的传诵，谢道韫被更多人所熟知。尽显魏晋风流的王家，是当时文人雅士的聚集地。许多文人、官宦、书画名流都喜欢在他们家诗酒唱和、谈玄论辩。谢道韫很喜欢这样的场景和氛围，她虽不能抛头露面，但坐在帘后听他们论辩，也是一种享受。有一次，王献之与客人辩论时，竟然被大家说得理屈词穷。帘后的谢道韫坐不住了，她遣婢女出去，"欲为小郎解围"。一言既出，语惊四座，大家纷纷为她鼓起掌来。她在屏后引经据典，旁征博引，娓娓道来，讲得入情入理，环环相扣，宾客们被她驳得哑口无言、甘拜下风。

综上所述，魏晋南北朝时期琅琊王氏家族持续出现了一大批才华横溢的文学家，成为魏晋南北朝时期文学史上灿烂的群星。特别是南朝时期王氏子弟的文学创作在诗文声律的探索与运用及推动南北文风融合方面起到了积极的作用。琅琊王氏文学才华卓越的数十人中，尤以王微、王融、王筠与王褒等成就最高。他们在文学史上的意义各不相同，或身体力行，以自己的创作推动了主流文风；或不同流俗，形成了自己独特的诗文风格；或开风气之先，预示了文学的发展方向。

这些成就的取得，与琅琊王氏的家族文学教育与熏陶密不可分。梁代王筠在《与诸儿书论家世集》中，对琅琊王氏在家族文学方面取得的成就感到无比自豪的同时，还勉励后人要"仰观堂构，思各努力"。对于整个家族而言，子侄的文学成就是家族崇高社会地位与悠久文化传统的体现，个体的文学创作、学术成就与家族的荣耀息息相关、相得益彰。六朝时期门阀士族能够不断发展与延续的关键在于培养子侄的家族荣誉感，在这样的教育氛围中，家族子侄的文学创作能力在潜移默化中得到培养，从事文学创作的热情与兴趣也被充分调动起来。门阀士族以世代延续的文学传承自矜，既是在崇学尚文的社会风尚影响之下出现的情形，亦在某种程度上促进了这种尚文之风的流行，这种互为因果的社会现象正是当时现实的生动写照。

三、书画同源，行己之道

在绘画方面，琅琊王氏家族出现了许多善画者。他们不仅擅长书画，而且能够进行理论总结，提出“画乃吾自画”“书画同源”等绘画理论，在中国绘画史上具有深远影响。

两晋之际的王廙是个全能型人才，具有多方面的艺术才华，工于书画，擅长音乐、射御、博弈等。他不仅书、画名重一时，而且有理论造诣。他是继汉代的蔡邕之后又一个将书、画等艺术相结合的人才。他擅长画人物、鱼龙、故事、鸟兽等，张彦远在《历代名画记》中评价他的画为上品之上，过江后为晋代书画第一。《图画见闻志》称“高节则晋顾恺之有《祖二疏图》，王廙有《木雁图》”。他的主要绘画作品有《孔子十弟子图》《吴楚放牧图》《鱼龙相戏图》《异兽图》等，被收入《历代名画记》《能书人名》《国史异纂》《续画品录》《贞观公私画史》《图画见闻志》等书。

此外，王廙还提出了明确的绘画理论。当侄子王羲之向他求教如何学习绘画时，他并未讲述如何学习书画的技艺，而是先画了《孔子十弟子图》送给羲之，意在表明，虽然羲之少年聪慧，有过人的才能，但在学艺方面仍需要向前贤学习，希望羲之明白在学习书画之前要先向圣贤之人学习如何做人。学画先学做人的观念对后世影响深远，郭若虚在《图画见闻志》中也说：“人品既已高矣，气韵不得不高。”王廙接着勉励侄子说：“画乃吾自画，书乃吾自书，吾余事虽不足法，而书、画固可法，欲汝学书则知积学可以致远，学画可以知师弟子行己之道。”

这里，王廙明确提出了“画乃吾自画，书乃吾自书”的艺术理论，要求书画创作要不断创新，形成自己的艺术特色及创作个性。王廙是中国画论史记载中最早倡导学习绘画需要创新、需要有自己艺术风格的人。他的绘画理论为后人学习书画指明了一条正确的道路——创新。此后，人们不断将此观点进行深入推演。清代的吴昌硕曾经说：“学我，不能全像我。化我者生，破我者进，似我者死。”著名画家齐白石也说：“学我者生，似我者亡。”他不赞成学生一味地模仿老师，而是鼓励学生勇于创新，走出一条属于自己的艺术之路。

王廙还提出了无论学习什么技能都需要不断地积累知识，要博览群书，方能“厚积薄发”，继而取得成功的道理。如果想在书画方面取得成就，就必须成为学识深厚之人。真正的书画家一定是学识高深的人，而绝非一般意义上的仅有一技之长者。他要求王羲之学习绘画时不仅仅要学习绘画的技法，还要通过多读书让艺术道路越走越宽，越走越远。这些见解为“文人画”的形成提供了理论依据。

王羲之正是遵循王廙的“画乃吾自画，书乃吾自书”这一创新原则，在广泛学习借鉴前人优秀成果的基础上，努力创新，做到承前启后、继往开来，使书法艺术到晋代为之一变，开创一代书风，成为中国历史上有名的“书圣”。王羲之虽然是“书圣”，但他也擅长绘画，见到精妙的绘画就想着临摹，其绘画作品有《杂兽图》《临镜自写真图》等。

王羲之的儿子王献之也和父亲一样，长于书法，“丹青亦工”。有一次，大将军桓温邀请王献之为自己题写扇面。王献之起笔时，误落了一滴墨渍。旁观的人感到很遗憾，暗中为他懊恼不已。但他神态自若，将错就错，巧妙地将这滴墨渍顺势渲染成一头毛色黑白相杂的母牛，整幅画面看起来天衣无缝，众人都为之喝彩。王献之绘画艺术的高超与构思的巧妙由此可见一斑。后来人们根据这个故事提炼出了“笔误作牛”这个成语，用来比喻随机应变、化拙成巧或将功补过。

王微是南朝刘宋时期的著名画家，也是深谙画理的学者。他非常喜爱观研山水，在这个过程中，他体悟到了绘画的真谛。他对绘画既有自己的成功实践，也有着形而上的理论思考。他在《与友人何偃书》中说：“吾性知画，盖鸣鹄识夜之机，盘纡纠纷，咸纪心目。故山水之好，一往迹求。”王微认为，山水画艺术应该以形为本，但又不能局限于有形的山水，而是需要以形显现精神、表现内心，需要从具象上升到形而上的层面。否则，就与具有实用功能的地形图没有什么差别。王微意识到了“目有所极，故所见不周”的局限，因此将具有超越意识作为山水画的艺术标准。画家眼中的山水是充满动感而富有个性的，因此画家会以不同的笔墨形式来表现山水的灵动和活力。这些观点揭示了绘画艺术和山水画的独特价值和本质特征，与宗炳的“以形媚道”理论有着异曲同工之妙。

特别值得一提的是，王微赋予绘画与书法同等的艺术地位，认为书画同源，绘画之用笔也能够表情达意。他指出：“以图画非止艺行。成当与《易》象同体。而工篆隶者，自以书巧为高。欲其并辩藻绘，核其攸同。”在魏晋士人心目中，书法的地位远高于绘画。王微这一看法提高了绘画的地位，揭示了书法与绘画的内在一致性。王微还将书法用笔引入绘画，用书法中常见的“曲”“趣”“皴”“点”四种笔法来表述绘画的运笔造型，从技巧上说明山水画与书法一样都能体现创作主体的精神，进而说明绘画与书法在实现传情达意的审美效果上是相通的。他认为绘画与书法是同出一源的，绘画需要创作者用技巧去画形，再融入自己对自然山水的感悟，才能描绘出丰富多彩、充满感情的山水自然画。王微将山水画与地形图区分开来，使山水画独立成为一门艺术，提出了系统的山水画理论，认为山水画是艺术家对生命本质的情感理解后的一种生活再现。

四、遍论经史，重视礼法

琅琊王氏经学传家，家族中有丰富的典籍收藏。读史可以明理，知古可以鉴今，琅琊王氏家族内部也非常重视对子弟的史学教育，因此家族中治史者颇多，涌现了一批优秀的治史者，如王导、王惠、王锡、王僧虔、王伟之、王规等。

王导是琅琊王氏在史学方面的重要实践者和引导者。作为东晋王朝的第一任宰相，他精心辅佐司马氏，与其共创东晋天下。他能够从西晋王朝的迅速灭亡中深刻总结教训，学习汉初稳定政局、安定人心的历史经验，提出了一系列符合国情、顺应民心的治国方略，对东晋王朝的安定与繁荣产生了重大影响。王导对修史工作非常重视，大兴二年（319年），他接替贺循担任太子太傅，开始在朝中设置史官，完善了东晋史官制度。

史书中对王氏子弟潜心史学也多有记载。如王导的玄孙王锡“遍论经史”；王僧虔“雅好文史”，经常将《三国志》放置床头。王廙的曾孙王伟之少有志向，对太元、隆安的时事，不论大小事件都悉数撰录。其子王韶之深受父亲影响，“好史籍，博涉多闻”，根据父亲对时事的记载，撰写有《晋安帝阳秋》，时人认为他适合担任史官，后来他被任命为著作佐郎，作《晋纪》十卷。他所撰写的史书擅长叙事，辞论可观。南朝齐王逡之撰写有《永明起居注》。王逡之的从弟王珪之“有史学，撰《齐职仪》”。南朝齐王智深撰写《宋纪》三十卷。南朝梁王规注《续汉书》

二百卷。王筠曾手抄经、史、子书百余卷。南朝陈王劢“博涉书史”，王固“颇涉文史”，王质“涉猎书史”，王褒“博览史传”。从这些例子中可以看出，史学是很多王氏子弟都具备的才学之一。

琅琊王氏在史学方面的成就突出表现在“王氏青箱学”和“王氏谱学”两个方面。“青箱”又称“巾箱”，本指书箱或杂物箱，是官宦之家尤其是士人们放置书籍或个人物品的常用物件。“王氏青箱学”是指魏晋南北朝时期琅琊王氏关于典章制度和历朝施政故事的家传学问。琅琊王氏有着深厚的儒学背景，可谓礼法世家，形成了重视实务与事功的家风。他们在宗族内讲求儒家伦理道德，以礼法来协调家族内的尊卑亲疏关系，维持家族门户长盛不衰。王氏子弟世代为官，长期居于中枢，对朝廷的典章制度、宫廷仪礼非常熟悉。西晋初年，司马炎就向王祥咨询过相关问题，《晋书》本传载，“祥与何曾、郑冲等耆艾笃老，希复朝见，帝遣侍中任恺咨问得失，及政化所先”。在《全晋文》收录的文书中，王氏相关文书有三十五篇，其中属于礼仪文书的就有三十篇。这些礼仪文书中不仅有皇室仪制，还有民间礼制等。为了维护家族利益，琅琊王氏对具有重要现实功用性的国典朝章、礼仪制度格外重视，他们有意识地将家族中历代当官者保存、记录、讲述的国典朝章、礼仪制度、历朝施政故事等进行整理，并将其作为家学的重要组成部分世代相传，“练悉朝仪”成为琅琊王氏子弟维持门第的一个重要工具。

朝廷的典章礼仪是一个国家的颜面，是维护朝廷秩序的重要依据。魏晋南北朝时期，朝代更迭频繁，每一个新王朝建立后的当务之急，就是要以儒家理论为依据制定出国典朝章、礼仪制度，一方面向天下昭示其统治的权威性与合理性，另一方面以典章制度规范臣民，维护其统治秩序。因而，历代统治者都非常重视熟知典制的人才。琅琊王氏为高门士族，世代注重礼制，子孙皆遵从礼法，熟悉朝纲朝仪，无论谁建立政权，都需要借重他们的学识与特长。他们主导了国家典章、礼仪制度的制定与修改，也在很大程度上把持了在政治上的主动权与话语权。因此，无论政权如何更迭，琅琊王氏的代表人物总是能够成为旧朝之重臣、新朝之佐命。“练悉朝仪”已成为琅琊王氏家族在文化上的极大优势，常常会出现“朝臣莫有识其典故者”而唯有王氏子弟知晓的现象，这更加凸显了琅琊王氏在朝廷中的重要性。

由于王氏家族分支较多，每支仕宦情况不同，族人的学术素养不同，所保留下来的朝仪典制各有侧重，且分散于不同的家庭之中。东晋时期，王彪之将家族中这些分散的学问汇集起来，进行系统整理，藏在青箱之中，以便于族中子弟传承学习，世人谓之“王氏青箱学”。“王氏青箱学”对之后王氏子弟的礼学造诣产生了重要影响，是琅琊王氏礼学的开山之作。在众多琅琊王氏子弟中，王彪之的礼学造诣最为高深。他熟谙朝章礼仪，十分精通礼制，“朝廷以此服之”。他制定了大量朝礼范文，《全晋文》中辑录王彪之仪礼之文多达二十余篇。

琅琊王氏非常重视礼学及礼仪，王氏子弟大都精通礼制。琅琊王氏家族子弟将这种家传学问用于仕途，获得了显著效果，在魏晋南北朝各个时期都有一批重要人物立于朝堂，显赫一时。如王导、王弘、王俭等人，无不博通古今，精通典制。王彪之的曾孙王准之是当时的礼学大家，在仪制方面颇有建树。据《宋书》卷六十《王准之传》载，王准之承袭家传“王氏青箱学”，“兼明《礼》《传》，赡于文辞”，在礼仪典制方面贡献颇多。永初二年（421年），他奏请三年之丧采用郑玄二十七月的传统，自此成为定制，一直到清代，均采用此制。王准之“究识旧仪，问无不对”，当时的大将军彭城王刘义康总揽朝中大权，经常感叹道：“何须高论玄虚，正得如王准之两三人，天下便治矣。”

与王准之同时代的王弘是一位礼学大师，主要出仕于刘宋初期。他以身作则，“造次必存礼法，凡动止施为，及书翰仪体，后人皆依仿之，谓为王太保家法”。王弘的弟弟王昙首也精于礼制，有论礼一篇。王昙首之子王僧绰“练悉朝典”，“究识流品，谙悉人物”，被宋文帝委以重任，参与大小朝政。王僧虔针对“朝廷礼乐多违正典，民间竞造新声杂曲”的现状，上书请正声乐，呼吁朝廷恢复和重建儒家传统的礼乐制度。

王僧绰之子王俭因精通朝章礼仪制度而备受统治者重用，被尊为“一代儒宗”。《南齐书》卷二十三《王俭传》载：“俭长礼学，谙究朝仪，每博议，证引先儒，罕有其例。”他熟悉朝仪旧典，能够将晋宋以来的朝中掌故分门别类记诵下来，“所以当朝理事，断决如流，每博议引证，先儒罕有其例”。王俭著有《古今丧服集记》等多种礼仪著作，写有不少涉及礼仪内容的奏折，对南齐初年礼制的制定和完善起了较大推动作用。精于“青箱学”的琅琊王氏子弟，潜心于礼学的研究与传承工作，推出了诸如《仪注》《晋宋杂记》《古今丧服集记》《齐职仪》《丧服图》《礼论要钞》《礼仪答问》等典制著作，不仅在当时影响极大，南朝各代皆遵行使用，而且也是现代社会宝贵的精神文化遗产。

在魏晋南北朝时期，士族为了彰显家族底蕴，辨别真伪及不触犯忌讳等，开始大修家谱。南朝时期，门阀士族制度得到充分发展，士族、非士族要根据谱牒来确认，人们入仕做官要根据谱牒来认定门阀的尊卑，谱牒成为选官和通婚的依据，只有官修的谱牒才具有法律效力，才能作为根据，所以谱牒学就成了一种专门学问。六朝时选拔人才首先要查人才的出身门第，负责选拔的官吏，包括吏部官员和州郡中正，必须对全国和本州郡士族的情况了如指掌，否则很可能因为把寒门列入上品或把高门贬为下品而犯错误。因此，不熟悉谱牒的人是不能当吏部尚书的。士族之间相互通婚时，如果通婚的姻家是不熟悉的家族，也要先查谱牒，以免“婚宦失类”。天下那么大，士族那么多，他们之间的关系又那么复杂，要搞清楚他们内部和他们之间的各种关系，必须具备专门学问，进行专门研究。

南朝时谱学蔚然成风，出现了许多著名的谱学家。琅琊王氏家族的谱学也大为发展，王氏谱学与贾氏谱学成为当时谱学的两大派别。南朝宋王弘是王氏谱学的开创者，他拥有极高的谱学修养，对各个家族的人员关系了如指掌，史载他“日对千客，不犯一人之讳”。南朝齐王俭继承了先人在谱学上的修养，著《百家谱》十卷。其后王僧孺奉梁武帝之命重新整理了《百家谱》，完成《十八州谱》与《东南谱集抄》，成为王氏谱学的集大成者。此外，王逡之著有《续俭百家谱》四卷、《南族谱》二卷、《百家谱拾遗》一卷、《齐梁帝谱》四卷等。王褒编纂《王氏江左世家传》二十卷。王氏子弟精心研究谱牒，促进了谱学的进一步繁荣和发展，王氏家谱成为后世学者研究历史的重要佐证。如南朝刘宋裴松之在注释《三国志》时，曾多次引用《琅琊王氏谱》和《太原王氏谱》；南朝刘孝标注解《世说新语》时，也多次引用《琅琊临沂王氏谱》《王氏家谱》等。由此可见，琅琊王氏家族的谱牒学取得了不凡的成就，这也从侧面反映了其家族对于自身历史的重视与教育。

除了上述方面，琅琊王氏子弟在音律、弈棋、射御等方面均有所涉及。如善于音律的有王廙、王导、王敦、王应、王羲之、王徽之、王献之、王韶之、王俭、王微、王僧谦、王僧虔、王僧祐、王融、王冲等。精通棋艺的有王导、王恬、王廙、王僧虔、王瞻等。其中也出现了一些全能型人才，如王导、王廙、王羲之等。据张可礼《东晋文艺综合研究》所载，在文艺方面，琅琊王氏家族在王导一代有记载的，有以王导、王敦、王邃、王旷、王廙为代表的十四人，之后一代有以王恬、王洽、王劭、王荟、王允之、王羲之、王彪之为代表的二十五人，再下一代有以王珣、王珉、王谧、王凝之、王肃之、王徽之、王操之、王献之为代表的三十五人。

总之，在魏晋南北朝时期，琅琊王氏作为最大的文艺世家，人才济济，在书法、文学、绘画、音乐等方面取得了辉煌的成就。这些成就对于琅琊王氏家族在众多世家大族的竞争中保持较高的地位起到了积极作用。琅琊王氏之所以能够累世不衰，除了祖先福荫庇护，更多的还是因为整个家族人才辈出、门风不坠，能够不断造就国家、社会所需要的不同类型人才，满足各朝举贤任能的需要。

“忠厚传家久，诗书继世长。”家风是一个家族子孙代代恪守家训、家规而长期形成的具有鲜明家族特征的家庭文化，是一个家族最宝贵的财产。一个家族之所以能够世代延续、踵事增华，其根本原因就在于有良好的家风将家族文化与精神代代传承。这些大家族通过良好的家风培养了一代又一代的人才，而这些人才在其家族发展中起到了至关重要的作用。纵观魏晋南北朝近四百年历史，琅琊王氏家族能人辈出，仕宦显达，从西汉至隋唐年间名留青史者有六百余人，其中正史中立传者六十二人、担任三公令仆者五十余人、担任侍中者八十人、吏部尚书二十五人，有九十二人担任过相当于宰相的官职。一个家族取得如此显赫的政治地位，在中国历史上绝无仅有。琅琊王氏家族能够三百余年簪缨不绝，维持门户长盛不衰，根本原因在于其良好的家风。

一、儒学传家，品行端正

琅琊王氏的远祖王元在秦朝末年迁居琅琊郡，西汉时王吉又将家族从皋虞迁至临沂都乡南仁里定居下来。后来这一支出了王祥、王览两位重要人物，琅琊王氏家族才真正形成。琅琊王氏长期在琅琊地区生活，根据《汉书 · 地理志》与《后汉书 · 郡国志》的相关记载，琅琊地区的名称由琅琊郡转变为琅琊国，在现在的山东半岛东南部。琅琊地区处于齐、鲁交会之处，特殊的地理位置使那里形成了一种既不同于鲁文化又不同于齐文化，但兼取两者之长的文化形态，即琅琊文化，其中既包含齐文化的开放进取，又包含鲁文化的崇儒守礼。王氏家族长期受琅琊文化的浸润，区域文化和家族文化相互影响、相互促进。

琅琊王氏能够延绵不绝，与其家族文化中的儒家精神密不可分。西汉时期，琅琊王氏四世祖王吉是当时的经学大师。他精通“五经”，经学传家，为琅琊王氏奠定了深厚的儒学文化根基。琅琊王氏家族在长期的发展中，非常重视儒学文化的传承，儒学文化成为王氏家族的立家之本。魏晋时期，王祥上承远祖王吉开创的儒学门风，顺应当时社会形势变化的需要，更注重儒家中偏向实际操作的孝、忠等伦理观念。王祥成功地把琅琊王氏家族带入门阀士族的阶层，他在《训子孙遗令》中以儒家思想为基本遵循，正式将琅琊王氏家族的家风分为信、德、孝、悌、让五部分。琅琊王氏的兴起与当时统治者对儒学的提倡分不开，正是对信、德、孝、悌、礼等儒家思想的继承与发扬，才使得王氏家族在政局多变的时代里始终能站住脚跟。

魏晋南北朝时期盛行的选官制度有九品中正制、察举与征辟制。这些选官制度在很大程度上都是以门第与德行来选拔官员的，家族成员的品行操守成为品评门第高低、优劣的重要标准。品行操守的内核就是儒家的仁、义、忠、孝等。世家大族为了保持自己在政权中的地位和影响，普通家族为了成员能步入仕宦通途为家族扬名，都非常重视对家族成员品行操守的教育。为了保持和发展家族的政治影响力，琅琊王氏极其看重家族门第，维护家族声誉，特别重视对家族子弟德行的教育和培养。

世家大族之所以见重于世，遵循礼法是一个重要原因。因此，钱穆先生在《略论魏晋南北朝学术文化与当时门第之关系》一文中说：“礼法实与门第相始终，惟有礼法乃始有门第，若礼法破败，则门第亦难终保。”

儒家的孝、悌、礼、法是家族的核心理念，琅琊王氏专门制定家规、家训来规范和约束后世子弟，使家族子弟至诚至信、至孝至悌，并做到有道德、有追求，清俭自律。琅琊王氏极为重视家族子弟的礼学教育，使其按照礼的规范来立身行事。琅琊王氏出现众多因品德高尚而闻名于世的人，或孝顺，或友悌，或诚信，或廉洁，不一而足，少有品行不端之人。陈寅恪先生认为，东汉以来，统治阶级可分为两类人群：一为内廷之宦官，一为外廷之士大夫。绝大多数士大夫为儒家信徒，“职是之故，其为学也，则从师受经，或游学京师，受业于太学之博士。其为人也，则以孝友礼法见称于宗族乡里。然后州郡牧守京师公卿加以征辟，终至通显。取其学为儒家之学，其行自必合儒家之道德标准，即仁孝廉让等是”。琅琊王氏子弟的生活实际也大抵遵循这一路线。南北朝时的文学家庾信在为王褒所写的一首悼诗中称赞其家族“地建忠臣国，家开孝子泉”，准确地揭示了琅琊王氏家族绵延数代而不衰的内在原因。

二、读书向学，言传身教

陈寅恪先生在《崔浩与寇谦之》一文中曾明确指出：“学术文化尚能保持不坠者，固由地方大族之力，而汉族之学术文化变为地方化及家门化矣。故论学术，只有家学之可言，而学术文化与大族盛门常不可分离也。”由此可见，士族门阀要想保持其门第的长盛不衰，就必须加强对家族子弟的教育、培养。

琅琊王氏非常重视对家族子弟的培养和教育。王僧虔在《诫子书》中谆谆教导儿子不要不学无术、自欺欺人，而要力求有真才实学：

> ……吾在世，虽乏德素，要复推排人间数十许年，故是一旧物，人或以此比数汝等耳。即化之后，若自无调度，谁复知

汝事者？舍中亦有少负令誉、弱冠越超清级者。于时王家门中，优者则龙凤，劣者犹虎豹，失荫之后，岂龙虎之议？况吾不能为汝荫，政应各自努力耳。或有身经三公，蔑尔无闻；布衣寒素，卿相屈体。或父子贵贱殊，兄弟声名异，何也？体尽读数百卷书耳。吾今悔无所及，欲以前车诫尔后乘也。汝年入立境，方应从官，兼有室累，牵役情性，何处复得下帷如王郎时邪？为可作世中学，取过一生耳。

在王僧虔看来，家族的门第和父祖荫庇都是靠不住的，一个人要想有所成就、青史留名，关键在于自己。家族中的子弟过去靠门荫，年纪轻轻便得到了好的官位和名声，但失荫之后什么都没有了。一个人官职的高低、名声的好坏，关键不在于门第，而在于他是否有真才实学，是否有值得人们尊敬的地方。后世子孙不能躺在前辈们的功劳簿上，要努力读书向学，修身养性，增强才干，凭借自己的不懈努力，争取美好前程。这种观点在琅琊王氏中有一定的代表性。

琅琊王氏非常重视对家族子弟综合素质的培养，使其博涉多闻，具有多方面的才能。琅琊王氏家族教育子弟的内容丰富多彩，具有很大的包容性，既有信、德、孝、悌、让等方面的道德修炼，又有对诸子之书的研习，还有多方面文艺才能的培养。在鼎盛时期，琅琊王氏不仅于政治上世代公卿，在文艺上也是人才辈出。族中子弟博学多闻、多才多艺，不论是在书法、绘画、音乐领域，还是在文学、史学等领域，琅琊王氏均引领着当时的文化风尚。琅琊王氏认为，清雅高洁的名气声望可以与仕途显达相媲美，作为世家子弟，可以无官，但不能无名。在文艺方面有所建树，是获得好声名的有效途径。因此，王氏家族在培养族中子弟时，非常注重对文学、书法、绘画、音律、术数等多方面才能的培养，取得了许多令人瞩目的成就。

王氏家族长辈谆谆告诫子弟要勤奋努力、坚持不懈、始终如一。王僧虔嘱咐子弟“应各自努力”，王筠在向子孙夸耀家族的文化修养和政治地位的同时，仍不忘激励他们“仰观堂构，思各努力”。王褒在《幼训》中告诫其子，学习一定要坚持不懈、始终如一。文人读书学习，就像武夫骑射一样，是一项必备的基本功。学习需要极大的毅力和恒心，要抓住一切可以利用的时间，排除一切干扰，专心致志。只有学习，才能有孔子门人那样的德行，才能有贾谊那样的文才。王氏子弟多能谨记家训，努力向学，饱读诗书，并能坚持不懈，持之以恒，将这种家风一代代传承下去。王氏子弟多为勤奋努力之人，少有不学无术之人。这也正是琅琊王氏人才辈出的重要原因。

琅琊王氏子孙能够取得较高声誉和名望者，均离不开专心致志、勤学苦练。《梁书 · 王瞻传》记载：“瞻年数岁，尝从师受业，时有伎经其门，同学皆出观，瞻独不视，习诵如初。从父尚书仆射王僧达闻而异之，谓瞻父曰：‘吾宗不衰，寄之此子。’”王羲之是我国著名的书法家，被尊为“书圣”。他之所以能够在书法领域取得如此辉煌的成就，除良好的家庭熏陶和转益多师之外，与其自身的刻苦努力密不可分。王羲之自幼非常热爱书法，每天研墨挥毫，坚持不懈。他经常在门口的池塘中清洗毛笔、刷洗砚台，时间久了，池塘里的水都被染黑了，人们就把这个池子称为“墨池”。唐人诗文中经常提到王羲之墨池之事。如李白《殷十一赠栗冈砚》诗云：“殷侯三玄士，赠我栗冈砚。洒染中山毫，光映吴门练。天寒水不冻，日用心不倦。携此临墨池，还如对君面。”王维《谢御书集贤院额表》中也有“仲将虚为白首，羲之枉在墨池”之句。从此之后，王羲之“临池成墨”的故事成为文学创作时常用的典故，“墨池”也逐渐成为书法家刻苦学习的一个文化符号。

琅琊王氏在家族教育过程中，父母、祖父、外祖父及家族其他长辈广泛参与到子弟的教育中，将言传与身教紧密结合起来，达到了很好的教育效果。他们或是结合自己的人生阅历和思考向后辈传授修身之法，或是给后辈讲授具体的知识和技法，或是与后辈针对具体问题进行切磋交流，或是在家族聚会中观察子侄辈的行为并针对其优缺点进行点拨和调教。钱伟长先生曾经在《八十自述》中深情地怀念道："融乐的家庭及长辈的楷模，启迪着像我这样的年轻人，懂得洁身自好，刻苦自励，胸怀坦荡，积极求知，安贫正派。"琅琊王氏子孙就生活在这样的家庭氛围中，应该也会有类似的感觉。

琅琊王氏在书法与礼学教育方面，尤其注重长辈以身作则、言传身教。如王羲之教导儿子王献之练习书法要刻苦勤奋，他自己也以勤奋著称。南朝刘宋时期的宰相王弘精通礼法，自己的言行举止时时刻刻都按照礼法行事，"后人皆依仿之，谓之王太保家法"。王廙在指导侄子王羲之学习书画时，专门画了一幅孔门弟子中最优秀的十个人（包括颜回、冉有、子贡、子路等）的画像送给他，让他在学习书画之前先以古圣先贤为榜样学会如何做人，然后把自己多年在书画艺术实践中总结出的"画乃吾自画，书乃吾自书"的理论传授给他，鼓励他不能满足于因袭前人，要以自己特有的精神状态体现出独特的艺术风格。

三、持盈畏满，进退有度

自远祖王翦起，琅琊王氏就形成了进退有度、功成身退的为官之道。魏晋时期的王祥历经三朝虽位至三公之首，但他"高洁清素"，不重钱财，不贪虚荣，后期几次辞职让贤，在家训中提出"推美引过""临财莫过于让"等道德要求。西晋灭亡后，琅琊王氏有问鼎帝位的实力，但却甘居人臣。王导尽心尽力辅佐司马睿建立东晋，"自可称民族之大功臣"，但他从不居功自傲，而是时时处处以治国安邦为己任。他主动要求削弱自己的权力，竭力劝说元帝广揽人才，给江南士族提供入朝为官的机会，从而使东晋政权在江南建立起坚实的统治基础。对于皇帝给予的过高荣誉和职权，他坚辞不受。王导晚年完全不理会那些繁杂的事务，面对堆满案头的文书，他只管签字画押。他自己感叹道："人们说我糊涂，但后人会怀念我这种糊涂的。"在六朝时期，尤其是东晋以后，琅琊王氏家族中的有识之士深刻汲取东晋初年因为家族势力过于盛满而险遭灭门之灾的教训，自觉把抑损保家当作主要信条。除积极为新王朝继续建功立业外，琅琊王氏在政治上采取不过分贪恋权势的以退为进的做法。至王微时，又明确提出"止足为贵""持盈畏满，自是家门旧风"。

王瑞柱认为，琅琊王氏的代表人物王祥、王览与其后人王导、王微、王僧虔等人都是时代的贤哲，他们大都生逢乱世，历经了社会的变迁、朝代的更替，对成败、荣辱、贵贱相互转化的规律有深入的理解，特别是他们都身居高位，真正理解了"富贵浮云"的人生真谛，认识到世间万物盛极必衰的规律，懂得人与社会环境同生共存的道理，于是"盛极自损"，使宗族的命运得以长久。他们在为人处世上奉行律己利人的准则，在生活方式上不求浮华，崇尚平淡，低调做人，力戒私欲膨胀。

"持盈畏满"是指在取得成功时要看到盛满时隐藏的巨大风险，懂得适可而止，守住现有的家业和地位。当感觉到家族势力过盛时，琅琊王氏的代表人物往往能够保持清醒头脑，有意识地进行自我损抑和约束，不过分贪恋权势，有时会主动舍弃一些权益，以保持各方势力的平衡，避免发生不必要的灾祸，实现家族的长盛不衰。这种持盈畏满、与时进退的处世哲学看似平庸消极，实则是以退为进的明智之举，体现了儒家积极入世的人生态度，也吸收了道家无为久长的处世思想。这种家风成为琅琊王氏长盛不衰的护身符，使家族在激烈的政治斗争中总能够逢凶化吉。

魏晋南北朝的三百余年，是我国政治大动荡的时期。政治的动荡，使那些官宦之家常常面临残酷的政治考验和生存危机。在改朝换代的血雨腥风中，那些曾经高高在上的皇族贵戚、公卿世家也常因为不能与时进退而惨遭覆亡的命运。在险象环生的政治斗争中，也有一些高门世族因对权势的过分贪恋而招致当权者的忌恨与猜疑，最终免不了被铲除的悲剧。与琅琊王氏同时代的颍川庾氏、谯郡桓氏、陈郡谢氏等名门望族，之所以没能将家族的荣耀长期延续下去，一个重要原因就是后世子孙没能很好地做到持盈畏满、与时进退。而琅琊王氏正是在这种家风的指导下，不断审时度势，妥善处理好自己与各个利益集团之间的关系，从而使整个家族能够在复杂的政治斗争中长期立于不败之地，家族文化也因而得以延续，并能够不断发扬光大。

琅琊王氏在易代之后，能够一直维持着家族的兴盛局面，这与王氏族人能够秉持这一家风，审时度势、知进知退，有很大关系。东晋以后，为了适应日渐严峻的新形势，琅琊王氏把“持盈畏满”这种处世哲学作为平衡朝中各方势力、保持国家政治稳定和家族长远利益的手段。南朝时期，皇权不断增强，为防止“树大招风”，王氏家族中的有识之士还经常在家族势力过盛时自动损抑，在政治上较少采用激进冒险的做法，以稳定现状保持家族既得利益为本，通过以退求进，保证家族久安。

南朝刘宋立国后，宋武帝刘裕非常忌讳东晋时期的主威不树、臣道专行，对门阀士族心存猜忌。因此，在刘裕代晋后，王弘虽然“以佐命功，封华容县公，食邑二千户”，但刘裕对门阀士族出身的王弘并不信任。宋文帝刘义隆即位后，王昙首、王华因助文帝诛徐羡之、平谢晦，功勋卓著，文帝欲封赏他们。正赶上宫中宴集，君臣们聚集在一起，皇上举杯向王昙首、王华敬酒，乘机拍着御床说：“此坐非卿兄弟，无复今日。”当时封赏的诏书已经写成，皇帝让人拿给王昙首看，王昙首婉拒不受，推辞说：“能够平定叛乱、安定天下，全凭陛下英明，决断迅速，我等虽然得以仰借天光，略尽微薄之力，怎么可以乘国家发生灾难之时，为自己捞取政治资本？虽然陛下偏爱我，但我无法面对秉笔直书的史臣。”在王昙首的一再坚持下，封官的事就搁置下来了。王弘也以定策安邦之功被封为司空，后来与弟弟王昙首和族人王华同为宋文帝的宰相。琅琊王氏又一次登上了政治巅峰。

宋文帝在铲除威胁皇权的顾命大臣集团后，为了进一步加强皇权、削弱相权，实行宰相不设常官的做法，同时大力扶持宗室彭城王刘义康，以使宗室与宰相之间相互掣肘。王弘久经官场，政治斗争经验丰富，他从文帝的行为中敏锐地捕捉到文帝对身边大臣权势过大的忌惮。在彭城王刘义康与自己形成相牵制之势后，王弘马上意识到刘义康的崛起是因为自己家族的权力过重已经受到皇帝的不满。为避免臣妒君忌，王弘几次上表请求辞官，以求能够全身而退。此时平陆令成粲写信建议王弘减少权力，并推举时为荆州刺史的刘义康入朝主政；范泰也因王弘兄弟权重朝廷，曾建议王弘征刘义康入朝，共参朝政，削减权势。元嘉五年（428年），王弘以天下大旱为由引咎求退，宋文帝原本不允，但在王弘的一再坚持下，降他为卫将军、开府仪同三司。第二年正月，王弘上表举荐彭城王刘义康进入中央执政，宋文帝应允，让刘义康代替王弘担任司徒，与王弘一起掌管尚书省的事务。从此以后，王弘每事必推谦，内外事务全由刘义康决断。但即使这样，刘义康仍然觉得王弘的权势太大，王弘在弟弟王昙首的建议下又上表，将自己府内的两千人送给刘义康。王弘的最后几年一直在胆战心惊中度过，元嘉九年（432年），王弘薨逝，时年五十四岁。

面对政治风云的变幻莫测，琅琊王氏家族的重要人物时刻提醒自己要损抑自保，甚至将这作为座右铭题写下来。据《南史》记载，南朝宋孝武帝时的尚书令王僧虔，曾在尚书省墙壁上题书：“圆行方止，物之定质；修之不已则溢，高之不已则栗，驰之不已则踬，引之不已则迭，是故去之宜疾。”

王僧虔自幼性格沉稳，德才兼备，异于众人。有一次伯父王弘与父亲王昙首等人聚会，僧虔和僧达、僧绰等兄弟们在一起嬉戏玩耍。王弘从三人玩耍时的不同表现发现他们不同的性格，并且断言说：“我的儿子僧达，才华出众，性情豪爽，应该说不比别人差，但我担心他不会体恤别人，终究会给我家带来灾难；僧绰善动脑筋，会凭借自己的品行受到赞誉；三人中，只有僧虔会是个谨厚长者，成就最高，会成为三公宰相。”但王僧虔为了家族大局考虑，时常表现出“不求上进”的样子，经常推美让贤。王僧虔为官清简，无所欲求，也不经营产业，治下的老百姓很安宁。

萧赜即位后，王僧虔患风疾正打算上表请求解职，但萧赜又任命他为侍中、左光禄大夫、开府仪同三司，他坚辞不受。王僧虔语重心长地对侄子王俭说：“你在朝中已经受到重用，不久将会享受三公一级的待遇，我如果再接受这个职位，我们王氏一门中便有二台司，实可畏惧。”于是，他坚决辞让不接受开府仪同三司这一职位，皇帝最终改任他为侍中、特进、左光禄大夫。门下宾客中有人不解地问他为什么要坚决辞让朝廷要职时，王僧虔平静地说：“君子担心的是没有德行，而不是担心没有宠幸。我衣食丰足，已经享受到荣华富贵，只惭愧自己平庸浅薄没什么好报答国家的，岂能再接受更高的爵位，在官职上遭人指骂呢？”王僧虔固辞开府的真正原因是担心家族门户太盛，权势过大，招致皇族的忌惮和其他权贵的嫉妒，这样会给家族带来灾祸，损害家族的长远利益，是典型的“盛极自损”。

后来，侄子王俭建造了一座长梁斋，规模稍微有些过分，王僧虔看了非常不高兴，认为他逾越了礼制，不是好兆头，怎么也不肯进他的门，王俭知道后立即将此斋拆除。王僧虔这样做，也是为了告诫侄子要低调做人，谨慎做事，不要给他人留下把柄。不仅如此，王僧虔还专门写有家训《诫子书》诫勉子孙，以达到保全门户的目的。其子王志官至中书令时，有意“止足”，经常以身体有病为由，不再以仕进为务。

随着刘宋政权的建立，东晋士族门阀政治日趋衰落，皇权政治逐渐复兴。刘氏出身布衣，建宋以后，对门阀士族心存忌惮，因而大力提拔一些有军功的寒门弟子。为了争夺权力，高门士族与新崛起的庶族、宗室等力量不可避免地展开了政治斗争。一些世族子弟由于在复杂的政治斗争中站错了位置而惨遭杀害，如谢晦因参与皇子废立招致宋文帝忌恨而被杀，谢综因参与刘义康篡位而被杀，谢灵运也被冠以谋反的罪名而被杀，等等。在这种政治环境中，出仕为官可能会为自身及家族带来祸患，谢氏子弟的悲惨下场即为明证。王弘的侄子王微对政局有着清醒的认识，他秉承家门旧风，努力保全自身，维系王氏家族的地位。

王微性格孤高耿介，“作人不阿谀”，“不好诣人”，“不倾侧溢诈”。这种个性非常容易得罪人，显然不适合迎来送往、明争暗斗、尔虞我诈的官场。因此，他多次辞官不就。《南史·王微传》载：王僧绰宣宋文帝之旨令王微就职，王微当晚夜观星象，星象显示将有大凶之事发生，于是他辞职不就。不久，皇太子刘劭弑杀父皇宋文帝，自立为皇帝，由此引发宗室诸侯王的讨伐。刘劭在位仅百余日，即被三弟刘骏赶下台，刘骏即皇帝位，改元“孝建”，史称南朝宋世祖孝武皇帝。

为了避免统治者的继续征辟和友人的一再推荐，王微借用自己服用寒食散后身体出现的一系列症状，宣称自己体弱多病，“足不能行，自不得出户；头不耐风，故不可扶曳”，无法胜任官职。他有时甚至满足于自身病恹恹的状态，因为这样“上不足败俗伤化，下不至毁辱家门”，既能使自己摆脱朝廷征辟，又能保全家门的声誉。但即便如此，王微还一直担心自己的行为被时人、统治者所误解，以为自己故作清高，不为流俗之事，有意不与当权者合作。因此，他在现存的几篇文章里一再向人们表白，自己就是一个体弱多病的俗人，既无能人贤者之才干，也不想做隐逸高士；既没有追求权力的野心，也没有追逐名利的欲望。

王微在《与从弟僧绰书》中曰："吾虽无人鉴，要是早知弟，每共宴语，前言何尝不以止足为贵。且持盈畏满，自是家门旧风，何为一旦落寞至此，当局苦迷，将不然邪！"这里明确提出了"止足为贵""持盈畏满"的处世哲学。王微以儒家思想为指导，严肃地对待现实，认真地分析当时的政治形势，对家族、自身的现实境遇以及自己的个性有着清醒的认识。他刻意与刘宋政权相疏离，尽量与官场保持距离，希望以此逃避现实争斗，全身远祸，保全门户。在政治形势不利于实现人生理想的情况下，独善其身也是一种明智的选择。

此外，在王氏后人中还有王敬弘、王瓒之、王秀之和王峻祖孙四代相传"止足"之风。南朝宋高祖刘裕任命王敬弘为庐陵王的老师，加散骑常侍，他自称无德才不配做王侯的老师，坚决辞谢不接受。后来，他又被任命为秘书监、金紫光禄大夫，加散骑常侍、本州中正，但他又未接受。元嘉十二年（435年），皇帝任命王敬弘为太子少傅，他到京城上表谢绝，但皇上不允许。他一次又一次上书，最终也没有接受这一任命。元嘉十六年（439年），朝廷又让他任左光禄大夫、开府仪同三司，侍中不变，他又到京城上表谢绝。儿子王恢之被召为秘书郎，王敬弘替他请求改任朝请这一闲职，并写信给儿子说："秘书郎名额有限，因而竞争激烈，朝请则没有名额限制，所以没有竞争。我想让你处在没有争斗的地方。"王敬弘退职后归隐吴兴，专门给儿子王瓒之写信，常常用静退的思想鼓励他不要趋炎附势。王瓒之历任各种官职直至五兵尚书，不曾到一个朝中贵人家中走动。江湛对何偃说："王瓒之是当今身在朝中的隐士。"

王瓒之的儿子王秀之早年曾担任安成王、豫章王、长沙王诸王的长史、行事等，他想起先祖王吉“毋为王国吏”的告诫，深有感触地说：“仲祖的卓识，我已经看到了很多的例证。”因此，在经历了多次官场的是非险恶之后，他无意于求升迁，只是经营舍亭山的宅院，有在此终老的想法。后来，王秀之出任晋平太守，仅一年就上表请求调换地方。有人问他为什么这样急着回来，他回答说：“此地土壤肥沃，物产丰富，财富充足，俸禄优厚。但财物多了会招致祸患，智者不贪恋财物，也不愿意招祸。我的家产已经足够，不可以久留此地。”世人因此说“王晋平恐富求归”。王秀之后来调任都官尚书、侍中等，但他并不与族中担任尚书令的王俭来往。后来，他再次被任命为侍中，兼游击将军，但他还没有接受，又被任为辅国将军、吴兴太守。他在吴兴郡有自己隐居的房舍田园，因此很乐意在此为官。他到任后便修治山林，搬去各种需用之物，准备急流勇退。王秀之隆昌元年（494年）去世，留有遗令说：“朱红官服不能入棺材，祭祀只用酒和干肉即可。”

据《梁书·王峻传》载，王秀之的儿子“（王）峻性详雅，尝与谢览约，官至侍中，不复谋进仕”，“峻为侍中以后，虽不退身，亦淡然自守，无所营务。久之，以疾表解职，迁金紫光禄大夫，未拜”。还有梁代王规，少时被叔父王暕称为“吾家千里驹”，他担任给事黄门侍郎时，“常以门宗贵盛，恒思减退”，迁太子中庶子，他称疾不拜。

在政治环境复杂、权力斗争激烈、当权者“爱小人而疏士大夫”之时，琅琊王氏更是能够急流勇退、平静自守。以上这些做法也许在其他人看来似乎是消极的行为，但正是这种难得的“知足”与“知止”，使琅琊王氏在明争暗斗的官场争斗中立于不败之地，保证了家族的长盛不衰。

四、审时度势，保家宜族

魏晋时期，皇权式微，社会动荡，民不聊生，个人的命运如风雨吹打下的浮萍般沉浮不定。为了生存，人们多以宗族为单位进行搬迁或流徙。为了更好地生存下去，人们通过血缘关系组织在一起，以增强抵御生活中天灾人祸的能力和勇气。封建社会国家层面的社会保障能力极为低下，特别是在国家分裂动荡或国力衰微之时，国家原有对个人、家庭及宗族利益进行保护的能力更是大大降低，具有血缘关系的家族不得不承担一些原本应该由国家承担的责任，家族在很大程度上承担起对家族成员的社会保障责任。人的个体命运取决于家族的命运，家族成为人们的生活依靠和寄托，家族内部成员只能向家族寻求帮助和保护，家族成了世族士人保身求安的唯一凭借。

从这个意义上来说，魏晋时期世家大族“唯在身家之保全”是可以理解的。魏晋南北朝时期是一个家族意识特别强烈的时代，人们的家族意识远在国家与朝廷之上，正如余嘉锡先生在笺注《世说新语·德行》时所说：“盖魏晋士大夫只知有家，不知有国。”因而，宁稼雨先生在《世说新语与中古文化》一书中指出：门第形成前或初期，在各大族的心目中，家族的荣辱、个人的升迁，是与包括自己家族在内的民族的生存与兴盛紧密相关的。所以他们的主要着眼点，在拼命扩大家族的势力和影响，并使这种势力和影响早日稳固下来。而门第的地位与威望一旦形成，一种优越感所驱使的门第观念便成为把大族与庶族区分开来的强劲力量。这种观念所带来的影响，不仅为门第的创立者始料所不及，而且对整个封建社会都产生了无法估量的约束作用。

生活在乱世之中的人们，痛感朝不保夕，报国无门，只好将“治国平天下”的人生理想转化到“修身齐家”的现实生活实践中。对于一个家族来说，“孝”是维系家族团结和稳定的行为准则，具有强大的凝聚力和向心力，因而“孝”也成为士人立身处世的行为标杆。家族内部依靠儒家的“孝”“悌”“义”等信条作为精神纽带，可以有效地凝聚家族成员，使他们齐心协力地维护家族的整体利益，并且自觉把家族整体利益置于个人利益之上，有时可以为家族利益主动牺牲自己。

东晋初年，琅琊王氏的权势达到巅峰，出现“王与马共天下”的局面。当晋元帝忌惮王氏家族势力太盛，试图对其有所抑制时，遭到王氏家族势力的极力抗拒，王敦甚至以清君侧的名义起兵反叛。对于王敦的举兵行为，在王氏内部主要有两种态度：一是以王含为代表的激进派。王含为王敦的胞兄，据《晋书·王敦传》载，永昌元年（322年），大将军王敦以反对所谓“刻碎之政”为名第一次举兵武昌时，身为朝中光禄勋的王含直接前往武昌支持王敦；王敦第二次举兵时，王含与其子王应直接谋划操纵，亲自挂帅出征。二是以王导为代表的温和派，包括王舒、王彬、王棱等人。王导是王敦的从弟，在王敦两次出兵时都站在朝廷一边，大义灭亲，还担任假节都督，率兵平叛。王敦第一次举兵后，晋元帝下诏将其定为大逆，让戴渊、刘隗在京师集结军队迎战。王导“率群昆弟子侄二十余人，每旦诣台待罪”。王舒自王允之处得知王敦打算二次起兵的消息后，马上报告王导，二人一起去禀报明帝。据《晋书》记载，王彬曾经责难王敦“抗旌犯上，杀戮忠良，图谋不轨，祸及门户”；王敦的从弟王棱坚决反对王敦的自负罔上之举，他“日夕谏诤，以为宜自抑损，推崇盟主，且群从一门，并相与服事，应务相崇高，以隆勋业”，最后竟然被王敦派人暗杀。这两派虽然在行事方式上有很大不同，但出发点都是为了维护王氏家族的利益，保全门户。

王敦之乱差点儿为琅琊王氏带来灭顶之灾。根据《晋书·刑法志》，犯有谋反大逆之罪，是要夷其三族的。元帝一旦下诏确定王敦的大逆罪名，如何处置留于京师的王导及其族人，既是朝廷面临的棘手问题，也使王氏家族面临生死存亡的巨大考验。王导为王敦从弟，理当受到牵连，但他并未逃奔，而是留居京师待罪。他内心并无起兵之意，他在与从兄王含的书信中说得很清楚："导虽不武，情在宁国。"最终，元帝出于各方面的综合考量，宽宥了王导及其他族人，琅琊王氏渡过了最危急的时刻。但从此以后，琅琊王氏兵权尽除，权势骤衰。

王敦之乱中，族中不少子弟参与其中，或战死或被杀。经过这一事件，琅琊王氏处于内忧外患的境地。王舒与王敦关系密切，其胞弟王邃参与王敦之乱，并死于战乱。受此影响，王舒一直心有余悸。当战败的王含父子前来荆州投奔王舒时，他却将其沉于江中，这是为门户免遭覆巢而采取的不得已之举。在此背景下，王舒晚年在王导的有意安排和谋划下出镇会稽。从史书的记载来看，王舒本人并不愿意接受这一任命，他曾以避父"王会"之讳为由拒绝出镇。王舒最终同意出镇会稽，是为了贯彻王导固本强宗的意图，维护整个家族的利益。魏晋时代，最重方镇，王敦之乱中，琅琊王氏最终能够得以保全，与王氏子弟多为地方重要州郡的镇将有很大关系。因此，王导有意让家族子弟继续经营好方镇，以保存、积蓄家族实力。

六朝时期是我国朝代更迭非常频繁的时期，也是士人忠君观念最为淡薄的时期。在面临忠孝冲突时，为了家族利益，世家大族成员往往舍忠取孝，然后借助家族的势力，尽快实现新一轮的君臣结合，保证家族在改朝换代之后仍然能够获取最大的利益。这种内生动力使得王氏家族在魏晋南朝获得飞速发展，并绵延下去。

唐长孺在《魏晋南北朝的君父先后论》中指出："后世往往不满于五朝士大夫那种对于王室兴亡漠不关心的态度，其实在门阀制度下培养起来的士大夫可以从家族方面获得他所需要的一切，而与王室的恩典无关，加上自晋以来所提倡的孝行足以掩护其行为，因此他们对王朝兴废的漠视是必然的，而且是心安理得的。”六朝时期由于门阀制度的盛行，家族在士人的生活中起着非常重要的作用。因此，士人非常看重家族和个人的孝行，对于国家和忠君的观念则相对淡薄。当时的士人们没有后世士大夫那种强烈的以身殉国的忠义感，对于许多先家后国，甚至为了家族而出卖国家利益的行为，他们甚至也持默认赞同的态度。

在六朝时期的士人们看来，朝代的更迭只不过是不同利益集团之间权力斗争的结果。曹魏经由篡汉而来，司马氏则因篡魏而有晋，接下来的刘宋、萧齐、萧梁，也无不是经由杀戮或篡夺而建立。在易代之际，世家大族只要弃暗投明，以家族利益为重，处理好与新当权者的关系，凭着家族的门第，在新的王朝照样可以“平流进取，坐至公卿”，继续享有政治特权。因此，他们一般不会留恋旧政权，在新兴政治势力与旧皇权发生冲突时，他们更多的是从家族利益出发来考虑站在哪一边，而不受忠君观念的束缚。因此，赵翼《陔余丛考》卷十七“六朝忠臣无殉节者”条感慨道：“盖自汉、魏易姓以来，胜国之臣即为兴朝佐命，久已习为固然。其视国家禅代，一若无与于己，且转藉为迁官受赏之资。故偶有一二耆旧，不忍遽背故君者，即以赜赜人口，不必其以身殉也。”

魏晋南北朝时期，社会动荡不安，政权更迭频繁。对于世家大族来说，忠于一家一姓已经没有多大意义，避免身家之祸、保全自家门户则更现实。正因为如此，门阀世族更加看重家族利益，如何保全门户成为世家大族子弟的首要任务，而善于处世应变是保全门户的重要手段。琅琊王氏的家风具有变通、开放的特征，家族成员一直把自身的成长与发展同家族的兴衰荣辱紧密地联系起来，他们考虑问题不局限于自身，更不会顽固守旧，做前朝的忠臣，往往能够顺应时代发展潮流，作出有利于家族发展的选择。因此，王祥在曹髦被杀之后，虽然自愧“老臣无状”，但并不打算为曹氏死节，实际上是支持司马氏。王戎“与时舒卷，无蹇谔之节”，王衍“虽居宰辅之重，不以经国为念，而思自全之计”，甚至狡兔三窟。这些行为都是在不同时期，用不同方式保全和发展自家门户。

为了发展和维持本家族的政治地位与经济利益，琅琊王氏极其看重家族门第与社会地位。赵翼在《廿二史札记》中所批评的世家大族“自保其家世，虽朝市革易，而我之门第如故”，是琅琊王氏奉行的教条。琅琊王氏家族教育的最终目的是培养家族的捍卫者，维持家族的长盛不衰。家族捍卫者遵循“穷则独善其身，达则兼善天下”这一理念，但其中“达则兼善天下”并不局限于为国君奉献，更多的是指做官时尽心尽力为治下的百姓做事，增加家族和自身的影响和威望。

在西晋以降的数百年时间里，琅琊王氏的代表性人物在政治上多表现出善于机变、谨慎持重的特点。如果对一些重要人物和重要事情没有充分的把握，他们不会急于表明政治立场，更不会盲目采取行动，而往往采取比较稳妥的中立姿态，静观事态的发展变化。在改朝换代之后，他们往往可以凭借自己的才能和家族的地位受到新当权者的征召。他们不会舍弃家族利益而忠于某一个败落的王朝，而是利用王朝更替或某一王朝内皇权交接的关键时刻，尽可能寻找合适机会参与新政权的权力再分配。南朝宋明帝杀前废帝自立，天下多起兵声讨，只有王孚“独不同逆”。宋明帝泰始初，晋安王刘子勋在寻阳称帝，应者甚众，“孚独不从”。宋顺帝末年，萧道成势力兴起，王延之、王僧虔“中立无所去就，时人为之语曰：‘二王居平，不送不迎。’”

西晋时期琅琊王氏的主要代表人物之一王戎早年参与“竹林之游”，跻身放达名士的行列，维持王氏家族的地位。“竹林七贤”中的代表人物阮籍发言玄远、口不臧否人物；嵇康旷达狂放，性烈而才隽。与他们相比，王戎要务实势利得多，他很善于见风使舵，在政治斗争的夹缝中不断拓展家族势力。与同时代的嵇康、钟会等人的悲惨下场相比，王戎见识高远，更懂得乱世保全之道，我们可以从王戎对他人的忠告提醒与出谋划策中略知一二。

钟会将要去攻打蜀汉，临行前去拜别王戎，同时向他询问灭蜀之计。王戎没有直接回答他，而是意味深长地说："道家有句话叫'为而不恃'，成功并不难，保持成果就难了。"他特意提醒钟会千万不要因功自傲，特别是伐蜀胜利之后，要尽量避免因位高权重遭时人所忌。王戎所说可谓肺腑之言，但遗憾的是钟会没有听从他的劝告。伐蜀胜利之后，他先和邓艾争功，又谋废司马昭而起兵被诛。钟会被杀后，人们想起王戎的提醒，都认为是知人之言。

晋武帝去世以后，杨骏把持朝政，王戎拜为太子太傅。杨骏被诛灭之后，东安公司马繇屯兵云龙门，专断刑赏，大肆杀戮，威震内外。他甚至公报私仇，借机将杀害其外祖父诸葛诞的凶手文鸯也诛灭三族。王戎对司马繇的做法深感忧虑，曾告诫他说："大事之后，宜深远之。"也就是提醒他经历过大事件之后，考虑问题一定要深远一些，不宜再参与到权力中心。但司马繇不听，仍然贪恋权势，后来因为引起执政的汝南王司马亮的忌惮而遭到流放。

在西晋长达十六年的"八王之乱"中，宗室诸侯你方唱罢我登场，轮番把持朝政，很多人被卷入政治旋涡而惨遭杀害，比如张华、裴頠，但王戎却因其智慧而得以保全。后来赵王司马伦受孙秀蛊惑，篡位为逆，被齐王司马冏起兵废黜，惠帝反正，任王戎为尚书令。但齐王司马冏贪权跋扈，赏罚不明，权倾天下，引起朝野上下的不满，成都王司马颖与河间王司马颙因此欲联合起兵讨伐齐王司马冏。讨伐的檄文传到京师洛阳，司马冏对王戎说："孙秀作乱，天子被幽禁威逼，我纠合义兵，扫除元恶，尽臣子之节，这是神人共知的。二王听信谗言，来兴兵讨伐我。现在仰仗你做我的高参，以调和争执，请你好好为我筹划对策。”王戎客观地为齐王司马冏分析了当时的形势，建议他舍弃权柄，以齐王身份回府第，可以保持原来爵禄，委权于他人，得崇让之名，这是求全身之计。当时长沙王司马乂也赞同王戎的意见，但司马冏的谋臣葛旟坚决反对，发怒说：“自汉魏以来，王公失势回府第，有能保全妻子儿女的吗？发此议论者当斩。”于是百官震惊，吓得王戎假装药性发作摔倒在厕所，如此才没有惹祸上身。其实，王戎对齐王司马冏所言，可谓真知灼见。齐王司马冏平定叛乱功不可没，但他赏罚不公，因而朝野失望，人怀异心，如果他能够选贤任能，自己主动舍弃权力，远离权力中心，自然可以长保富贵。可惜他才识不足，又为身边小人所误，致使自己后来被司马乂杀害，若其泉下有知，当后悔没有听从王戎的劝告。

经历了这么多惊心动魄的政治风云，王戎更加谨慎。史书记载其“以晋室方乱，慕蘧伯玉之为人，与时舒卷，无蹇谔之节”，“与时沉浮”，“虽位总鼎司，而委事僚采”。这里批评他“无謇谔之节”，主要是愍怀太子司马遹被废之时，王戎作为太子太傅没有劝谏。但根据当时的情势，贾后、赵王司马伦等都欲置愍怀太子于死地而后快，王戎即使劝谏也不会起作用。后来王戎的女婿裴頠被杀，他也没办法施救。当时时势如此，未可责备一人也。

《世说新语·俭啬篇》注引戴逵论之曰：“王戎晦默于危乱之际，获免忧患，既明且哲，于是在矣。或曰：大臣用心，岂其然乎？逵曰：运有险易，时有昏明，如子之言，则蘧瑗、季札之徒皆负责矣。自古而观，岂一王戎也哉！”可谓卓见。亲历目睹魏晋之际的纷乱朝局，多少忠义之士因忠贞亢直而丢掉了身家性命，王戎有这样的行为确实不应该被过多批评。再加上他的竹林好友阮籍因不臧否人物，被司马昭称为“至慎”，嵇康因“轻肆直言”而被杀害，聪颖神悟的王戎自然会从他们身上汲取教训，更何况当时的政治形势比竹林之游时更为凶险。大隐士孙登曾谓嵇康“才则高矣，保身之道不足”，“才多识寡，难乎免于今之世”，准确地说出了嵇康的弱点，即“保身之道不足”。王戎保身之道足矣，却又获时人“无蹇谔之节”之评，这似乎有求全责备之嫌。王戎虽无孔子所称史鱼之直，却有孔子所称蘧伯玉之“可卷而怀之”的“君子”之风，这也正是他在乱局中的保全之道。王戎的随波逐流是一种迫不得已情况下的明哲保身之计，其所保存的不只是自身，也有保全琅琊王氏门户利益的目的。

纵观琅琊王氏在魏晋南北朝时期三百余年的家族发展史，我们可以发现，琅琊王氏的代表人物大多抱有积极进取的入世心态，具有高超敏锐的政治眼光，他们善于在易代之际，为个人和家族的发展争取最大的利益。为了达到此目的，他们能够审时度势、与时推移、应时而变，甚至不惜背上“贰臣”的罪名。例如在南朝梁代的江陵保卫战中，南朝的主要将领之一王褒最后的降敌行为，成为他人生的一大污点，备受后世诟病。其实，在是否降敌这个重大问题上，王褒陷入家国、忠孝的两难抉择，内心充满着痛苦和矛盾。在朱买臣战败、胡僧佑战死之后，他知道梁朝的败亡是迟早的事。如果他再一意孤行，坚持抵抗，最终的结果只能是国破家亡，甚至还会有灭门之祸；而如果他顺着梁元帝萧绎的意思降敌，那么就算是国亡了，他的家还在。在后世正统史学家的眼中，他是一个卖国求荣的千古罪人。但从琅琊王氏家族发展的角度来看，他却是有功之人。正是他的降敌主张，避免了王氏的灭门之祸，正是他与北朝统治者的合作行为，为王氏家族在北朝的发展赢得了政治资本，也为王氏家族在唐朝能够继续成为宰相名门作出了重大贡献。

这些家风从多个侧面体现了琅琊王氏的家族精神，既有品德修养方面的引导，也有为人处世方面的劝诫，还有学业追求方面的勉励。优良的家风既是一个家族历史的积淀，又是家族文化的传承。琅琊王氏家风的底色是立德、立功、立言，培养高尚的道德情操，努力为国为民建功立业。正是受这种良好家风的长期浸润与潜移默化的影响，琅琊王氏的家族文化精神已经深入骨髓，融入血脉。琅琊王氏子弟在当朝理政时，也像治家一样，将这种优良的家风推广于天下，实现治国平天下的人生理想。

“欲治其国者，先齐其家。”对于家庭成员而言，有什么样的家风，就会形成什么样的道德品格与人生追求。对于个人来说，良好的家风既是一种无形的道德约束，也是一道心理上的安全屏障，可以有效抵制拜金主义、以权谋私、贪污腐化等错误的价值观。对于党员和领导干部而言，更要注重优良家风的建设与传承，形成积极向上、爱岗敬业、诚实守信、廉洁奉公的家风，以身作则，代代相传。没有良好的家风，就没有风清气正、干事创业的良好社会风气，而没有良好的社会风气，国家的发展、社会的进步与繁荣则缺乏精神动力。因此，在一定程度上可以说，家风关系着国家的盛衰与存亡，家风正则国风正。良好的家风是优秀传统文化在家庭中的体现，是中华民族优秀品格和生存智慧的体现，是中华民族精神构建的重要路径。习近平总书记强调，不论时代发生多大变化，我们都要重视家庭建设，注重家风建设。

参考文献

（一）古籍

[1]班固.汉书[M].北京：中华书局，1975.

[2]陈寿.三国志[M].北京：中华书局，1982.

[3]范晔.后汉书[M].北京：中华书局，1965.

[4]房玄龄.晋书[M].北京：中华书局，1974.

[5]干宝.搜神记[M].汪绍楹，校注.北京：中华书局，1979.

[6]孔子.孝经[M].史靖妍，编.桂林：漓江出版社，2017.

[7]黄怀信.逸周书校补注译[M].西安：三秦出版社，2006.

[8]李百药.北齐书[M].北京：中华书局，1972.

[9]李延寿.南史[M].北京：中华书局，1975.

[10]李慈铭.越缦堂读书记[M].上海：上海书店，2015.

[11]林宝.元和姓纂[M].北京：中华书局，2012.

[12]刘昫.旧唐书[M].北京：中华书局，1975.

[13]卢弼.三国志集解[M].北京：中华书局，1982.

[14]欧阳修.新唐书[M].北京：中华书局，1975.

[15]欧阳询.艺文类聚[M].上海：上海古籍出版社，1982.

[16]沈约.宋书[M].北京：中华书局，1974.

（二）专著

[1]陈寅恪.唐代政治史述论稿[M].北京：生活·读书·新知三联书店，2001.

[2]陈寅恪.金明馆丛稿初编[M].北京：生活·读书·新知三联书店，2001.

[3]成仁才，李兴林.琅琊王氏族谱发现与研究[M].西安：三秦出版社，2016.

[4]程章灿.士族与六朝文学[M].哈尔滨：黑龙江教育出版社，1998.

[5]胡阿祥.魏晋南北朝史十五讲[M].南京：凤凰出版社，2010.

[6]刘占召.王羲之与魏晋琅琊王氏[M].南京：凤凰出版社，2013.

[7]鲁迅.而已集[M].北京：人民文学出版社，1973.

[8]逯钦立.先秦汉魏晋南北朝诗[M].北京：中华书局，1983.

[9]孙丽，王厚香.琅琊王氏家族的历史与文化[M].北京：中央文献出版社，2009.

[10]田余庆.东晋门阀政治[M].北京：北京大学出版社，2009.

[11]唐长孺.魏晋南北朝史论丛[M].北京：商务印书馆，2010.

[12]唐长孺.魏晋南北朝史论拾遗[M].北京：中华书局，1983.

[13]王大良.中国古代家族与国家形态[M].兰州：甘肃人民出版社，1999.

[14]王连儒.汉魏六朝琅琊王氏家族政治与婚姻文化研究[M].北京：中国社会科学出版社，2013.

[15]王汝涛.王羲之书法与琅琊王氏研究[M].北京：红旗出版社，2004.

[16]王永平.六朝家族[M].南京：南京出版社，2008.

[17]萧华荣.簪缨世家：六朝琅邪王氏家传[M].北京：生活·读书·新知三联书店，2008.

[18]萧华荣.魏晋名士链[M].上海：上海人民出版社，2014.

[19]肖群忠.孝与中国文化[M].北京：人民出版社，2001.

[20]余嘉锡.世说新语笺疏[M].北京：中华书局，2007.

（三）论文

[1]卜宪群.瑯琊王氏政治地位研究[J].安徽师大学报（哲学社会科学

版），1988（1）：59-67.

[2]曹小现.从《孝经》到古今《二十四孝》：浅谈儒家孝道思想的继承和创新[J].才智，2013（34）：268-269.

[3]曹占梅."二十四孝"简论[J].山西师大学报（社会科学版），1995（4）：3.

[4]范红娟.明清戏曲对"奇节之孝"的书写策略[J].河南大学学报（社会科学版），2019（2）：117-124.

[5]兰辉耀.《孝经》的孝道思想探析[J].孝感学院学报，2012，32（1）：12-16.

[6]李红艳.从乱世家训看魏晋士人的道德自觉[J].许昌学院学报，2007（3）：41-44.

[7]李杰.《世说新语》中魏晋士人的忠孝观探析[J].兰台世界，2014（8）：116-117.

[8]李杰.魏晋南北朝时期的孝行[D].北京：首都师范大学，2005.

[9]李月.论琅琊王氏家族传统与王融儒家思想的形成[J].时代文学（下半月），2010（6）：123-124.

[10]刘春梅.历代家训与古代家庭教育的价值取向[J].河南师范大学学报（哲学社会科学版），2002（4）：112-114.

[11]刘强.从《世说新语》看魏晋的孝悌之风[J].阴山学刊，2001（1）：26-30.

[12]刘占召.王祥风骨与琅琊王氏[J].创造，2018（8）：75.

[13]吕文明.从经学到书法：汉晋间琅琊王氏家族文化的传承与流变[J].孔子研究，2017（2）：113-123.

[14]孟繁冶.从诫子书看魏晋士人心态[J].文史哲，2006（4）：73-78.

[15]孙丽.魏晋时期琅琊王氏崛起原因初探[J].南昌大学学报（人文社

会科学版），2004（1）：103-107.

[16]孙丽.琅琊王氏与南北文化交流[J].临沂师范学院学报，2003（5）：19-22.

[17]王晓家.由二十四孝谈到孝友文化[J].戏剧丛刊，2012（4）：41-46.

[18]王永平.论东晋南朝时期琅邪王氏之家风与家学[J].许昌师专学报，2002（1）：32-36.

[19]王永平.略论晋宋之际琅邪王氏家族代表人物的政治倾向[J].南京理工大学学报（社会科学版），2009，22（1）：101-111，124.

[20]吴崇恕，李守义.《二十四孝》与《孝经》的关系及其扬弃[J].孝感学院学报，2004（4）：10-13.